LA

MORALE

A L'ÉCOLE PRIMAIRE

(COURS MOYEN, SUPÉRIEUR ET COMPLÉMENTAIRE)

ET

DANS LA FAMILLE

PAR

Daniel CHABRAND

DIRECTEUR D'ÉCOLE PRIMAIRE SUPÉRIEURE

AIX-LES-BAINS

IMPRIMERIE A. VICHER

—

1903

LA MORALE

LA
MORALE

A L'ÉCOLE PRIMAIRE
(COURS MOYEN, SUPÉRIEUR ET COMPLÉMENTAIRE)

ET

DANS LA FAMILLE

PAR

Daniel CHABRAND

DIRECTEUR D'ÉCOLE PRIMAIRE SUPÉRIEURE

AIX-LES-BAINS
IMPRIMERIE A. VICHER
—
1903

LETTRE

de M. FAVARD, Inspecteur d'Académie,
à Chambéry.

Chambéry, le 16 Avril 1903.

Monsieur le Directeur,

J'ai parcouru avec intérêt le manuscrit du cours de morale que vous m'avez envoyé.

Il me paraît conçu sur un bon plan, d'après une excellente méthode et dans un esprit très pratique.

Il peut rendre des services à l'enseignement et je ne doute pas qu'il n'obtienne un très vif et légitime succès.

Veuillez agréer, Monsieur le Directeur, avec mes félicitations, l'assurance de mes sentiments les plus distingués.

L'Inspecteur d'Académie,
FAVARD.

PRÉFACE

———

Ce livre de morale est le résultat de l'expérience acquise pendant trente-cinq ans d'enseignement. Les résumés, destinés à être appris, ont été rédigés simplement, sans aucune prétention littéraire. Nous pensons qu'il faut donner à nos enfants des écoles primaires des règles de conduite précises, clairement exprimées et à la portée de leur intelligence, afin qu'ils comprennent ce qu'ils lisent et qu'ils aient du plaisir à le relire et à l'apprendre.

Le programme officiel a été suivi et complété par quelques résumés et quelques lectures sur les sanctions de la morale.

Le travail des maîtres, bien facilité, semble-t-il, consistera à expliquer et à développer les résumés comme ils le croiront utile. Chaque résumé est suivi de deux lectures servant d'exemples.

Nous nous sommes décidé à publier ce petit ouvrage après l'avoir mis en pratique pendant plusieurs années ; c'est donc un livre vécu pour ainsi dire. Les lectures en particulier ont paru intéresser les élèves. Nous faisons des vœux pour qu'ils éprouvent autant de plaisir à lire ce modeste ouvrage que nous en avons eu à l'écrire.

Nous nous sommes souvent inspiré des moralistes qui se sont occupés d'éducation, et si ce livre peut avoir quelque utilité, c'est à eux qu'en reviendra tout le mérite.

D. CHABRAND.

Aix-les-Bains, le 23 mars 1903.

POUR LES MAITRES

(Extrait des instructions ministérielles de 1887)

OBJET DE L'ENSEIGNEMENT MORAL

L'éducation morale se distingue profondément par son but et par ses caractères essentiels des deux autres parties du programme.

But et caractères essentiels de cet enseignement. — L'enseignement moral est destiné à compléter et à relier, à relever et à ennoblir tous les enseignements de l'école. Tandis que les autres études développent chacune un ordre spécial d'aptitudes et de connaissances utiles, celle-ci tend à développer dans l'homme, l'homme lui-même, c'est-à-dire un cœur, une intelligence, une conscience.

Par là même l'enseignement moral se meut dans une tout autre sphère que le reste de l'enseignement. La force de l'éducation morale dépend bien moins de la précision et de la liaison logique des vérités enseignées que de l'intensité du sentiment, de la vivacité des impressions et de la chaleur communicative de la conviction. Cette éducation n'a pas pour but de faire *savoir*, mais de faire *vouloir*; elle émeut plus qu'elle ne démontre; devant agir sur l'être sensible, elle procède plus du cœur que du raisonnement ; elle n'entreprend pas d'analyser toutes les raisons de l'acte moral, elle cherche avant tout à le produire, à le répéter, à en faire une habitude qui gouverne. A l'école primaire surtout, ce n'est pas une science, c'est un art, l'art d'incliner la volonté libre vers le bien.

Rôle de l'Instituteur dans cet enseignement. — L'instituteur est chargé de cette partie de l'éducation, en même temps que des autres, comme représentant de la société : la société laïque et démocratique a en effet

l'intérêt le plus direct à ce que tous ses membres soient initiés de bonne heure et par des leçons ineffaçables au sentiment de leur dignité et à un sentiment non moins profond de leur devoir et de leur responsabilité personnelle . . . .
. . . .

La mission de l'instituteur est donc bien délimitée ; elle consiste à fortifier, à enraciner dans l'âme de ses élèves, pour toute leur vie, en les faisant passer dans la pratique quotidienne, ces notions essentielles de moralité humaine, communes à toutes les doctrines et nécessaires à tous les hommes civilisés. Il peut remplir cette mission sans avoir à faire personnellement ni adhésion, ni opposition à aucune des diverses croyances confessionnelles auxquelles ses élèves associent et mêlent les principes généraux de la morale.

Il prend ces enfants tels qu'ils lui viennent, avec leurs idées et leur langage, avec les croyances qu'ils tiennent de la famille, et il n'a d'autre souci que de leur apprendre à en tirer ce qu'elles contiennent de plus précieux au point de vue social, c'est-à-dire les préceptes d'une haute moralité.

Objet propre et limites de cet enseignement. — L'enseignement moral laïque se distingue donc de l'enseignement religieux sans le contredire. L'instituteur ne se substitue ni au prêtre, ni au père de famille. Il doit insister sur les devoirs qui rapprochent les hommes et non sur les dogmes qui les divisent. Toute discussion théologique et philosophique lui est manifestement interdite par le caractère même de ses fonctions, par l'âge de ses élèves, par la confiance des familles et de l'Etat : il concentre tous ses efforts sur un problème d'une autre nature, mais non moins ardu, par cela même qu'il est exclusivement pratique : c'est de faire faire à tous ces enfants l'apprentissage effectif de la vie morale.

Plus tard, devenus citoyens, ils seront peut-être séparés par des opinions dogmatiques, mais du moins ils seront d'accord dans la pratique pour placer le but de la vie aussi haut que possible, pour avoir la même horreur de tout ce qui est bas et vil, la même admiration de ce qui est noble et généreux, la même délicatesse dans l'appréciation du devoir, pour aspirer au perfectionnement moral, quelques efforts qu'il coûte, pour se sentir unis, dans ce culte général du bien, du beau et du vrai qui est aussi une forme, et non la moins pure du sentiment religieux.

Que par son caractère, par sa conduite, par son langage, il soit lui-même le plus persuasif des exemples. Dans cet ordre d'enseignement, ce qui ne vient pas du cœur ne va pas au cœur. Un maître qui récite des préceptes, qui parle du devoir sans conviction, sans chaleur, fait bien pis que perdre sa peine, il est en faute : un cours de morale régulier, mais froid, banal et sec, n'enseigne pas la morale, parce qu'il ne la fait pas aimer. Le plus simple récit où l'enfant pourra surprendre un accent de gravité, un seul mot sincère, vaut mieux qu'une longue suite de leçons machinales.

D'autre part, — et il est à peine besoin de formuler cette prescription, — le maître devra éviter comme une mauvaise action tout ce qui, dans son langage ou dans son attitude, blesserait les croyances religieuses des enfants confiés à ses soins, tout ce qui porterait le trouble dans leur esprit, tout ce qui trahirait de sa part envers une opinion quelconque un manque de respect ou de réserve.

La seule obligation à laquelle il soit tenu, — et elle est compatible avec le respect de toutes les croyances, — c'est de surveiller d'une façon pratique et paternelle, le développement moral de ses élèves avec la même sollicitude qu'il met à suivre leurs progrès scolaires ; il ne doit pas se croire quitte envers aucun d'eux s'il n'a fait autant pour l'éducation du caractère que pour celle de l'intelligence. A ce prix seulement l'instituteur aura mérité le titre d'*éducateur*, et l'instruction primaire le nom d'*éducation libérale*.

LEÇON PRÉLIMINAIRE

1

Objet de la Morale

La morale est la connaissance des devoirs et des convenances ; elle a pour base la conscience qui nous instruit de ce qui est bien et de ce qui est mal ; elle nous enseigne à nous bien conduire et à diriger convenablement notre vie ; elle nous montre que nous devons faire un bon usage de notre volonté ; elle nous met en garde contre les défauts de notre nature et les tentations dangereuses.

La morale a donc pour but de faire de nous, d'abord des enfants bien élevés et laborieux, et plus tard des hommes justes et bons, des citoyens utiles et dévoués à l'humanité.

MAXIME : *La vertu est le fruit de la morale.*

(CARON).

PREMIÈRE LECTURE

I

UN HOMME PAUVRE ET HEUREUX

J'entrai. Le vieux soupait d'un peu d'eau, d'une pomme,
Sans pain ; et je me mis à plaindre le pauvre homme.
Comment pouvait-il vivre ainsi ? Qu'il était dur
De n'avoir même pas un volet à son mur !
L'hiver doit être affreux dans ce lieu solitaire ;
Et pas même un grabat : il couchait donc à terre ?
« Là, sur ce tas de paille, et dans ce coin étroit,
Vous devez être mal, vous devez avoir froid,
Bon père, et c'est un sort bien triste que le vôtre ! »

« Fils, dit-il doucement, allez en plaindre un autre.
Je suis dans ces grands bois et sous le ciel vermeil ;
Et je n'ai pas de lit, fils, mais j'ai le sommeil.
Quand l'aube luit pour moi, quand je regarde vivre
Toute cette forêt dont la senteur m'enivre,
Ces sources et ces fleurs, je n'ai pas de raison
De me plaindre, je suis le fils de ma maison.
Je n'ai point fait de mal. Je suis heureux. »

VICTOR-HUGO *(Contemplations)*.

PREMIÈRE LECTURE (bis)

LE DEVOIR

Il faut être un honnête homme : c'est le résumé de la morale, mes enfants ; c'est la règle qui doit être constamment présente à votre esprit et à votre cœur, et qui doit diriger toutes vos actions.

J'espère que cette règle vous est déjà familière, et qu'en travaillant à être honnêtes et bons, vous avez appris par vous-mêmes, combien il est beau de lui obéir ; car il est impossible qu'en faisant le bien on n'apprenne pas à l'aimer.

Mais à présent que vous devenez grands et raisonnables, et que vous allez bientôt être des hommes, il faut que vous compreniez mieux encore que devenir un honnête homme, c'est la grande affaire de la vie, celle qui doit passer avant toutes les autres, et qu'il n'est jamais permis d'oublier ou de négliger.

Jusqu'ici, vous avez vécu, vous vivez encore dans la famille et dans l'école ; vous avez des devoirs envers vos maîtres, envers vos camarades ; votre amour pour votre père et votre mère, votre reconnaissance pour vos maîtres, votre amitié pour vos camarades, vous rendent ces devoirs plus faciles ; et, pour les remplir, vous n'avez à lutter que contre l'attrait du plaisir et vos caprices d'enfant.

Bientôt vous vivrez au milieu des hommes

vos concitoyens ; vous aurez à choisir un métier, une profession ; il faudra travailler, lutter pour gagner votre vie et celle de votre famille, à vos devoirs d'aujourd'hui s'ajouteront d'autres devoirs plus difficiles peut-être.

Il vous faudra résister à des passions plus fortes, à des intérêts plus puissants. Vous n'aurez plus toujours les mêmes guides aimés pour vous tracer vos devoirs et vous en faciliter l'accomplissement. C'est en vous-mêmes qu'il vous faudra trouver la lumière et la force dont vous aurez besoin. C'est l'idée de plus en plus claire du juste et du bien qui devra vous guider ; c'est l'amour du devoir qui devra vous soutenir.

A mesure donc que votre raison se développe, que vous devenez plus capables de penser et de juger par vous-mêmes, il faut que la réflexion, jointe à la pratique du bien, fortifie et achève en vous ce que le sentiment naturel de l'honnêteté, les conseils de vos parents et les leçons de vos maîtres ont commencé.

Il faut que vous connaissiez mieux toute l'étendue de vos devoirs, que vous en compreniez mieux la grandeur et la beauté, afin qu'en toute circonstance, vous sachiez clairement ce que le bien vous commande, et que vous soyez résolu à le préférer à tout.

Fais ce que dois, advienne que pourra, c'est la devise de l'honnête homme.

J. GÉRARD (*Maximes morales*).
(GEDALGE, éditeur).

CHAPITRE PREMIER

L'AME HUMAINE

II

La Sensibilité

L'âme est la partie immatérielle de notre être : elle sent, elle pense, elle veut. Celui qui perd un de ses parents devient triste : c'est sa sensibilité ou son cœur qui souffre. Si nous recevons la visite d'un ami, notre cœur se réjouit. Nous pouvons donc éprouver des sentiments divers selon que les évènements nous affectent en bien ou en mal.

Un enfant donne une partie de son goûter à un camarade pauvre, nous pensons que cet enfant est bon ; nous voyons deux enfants se battre, nous les trouvons méchants ; cette distinction du bien et du mal nous est fournie par la conscience qui juge aussi nos actes : elle nous approuve quand nous faisons le bien et nous blâme quand nous faisons le mal. Ce reproche de la conscience s'appelle le remords.

PENSÉE : *Une conscience tranquille est le plus précieux de tous les biens.*

(CARON).

DEUXIÈME LECTURE

MÉRITE ET DÉMÉRITE

Nous savons ce qui est bien et ce qui est mal ; nous sommes toujours libres de faire l'un et d'éviter l'autre ; mais précisément parce que nous sommes libres, nous ne faisons pas toujours le bien, et nous faisons quelquefois le mal. C'est qu'il y a en nous, à côté de la raison, des penchants de toute sorte, qui nous poussent à rechercher notre plaisir ou notre intérêt, et qui, par suite, nous sollicitent souvent en sens inverse du devoir. Ainsi c'est un devoir de travailler ; mais l'amour du jeu, le penchant à la paresse tendent à nous détourner du travail. Il faut donc presque toujours lutter contre nos penchants, nos désirs, nos intérêts pour faire notre devoir ; il faut faire effort pour triompher d'eux ; et cet effort, quoi qu'il nous soit toujours possible, n'en est pas moins souvent difficile et pénible. Parfois, à force d'énergie, nous sommes victorieux dans ce combat intérieur ; parfois, par faiblesse, par lassitude, nous sommes vaincus. De là l'idée de mérite et de démérite. Lutter et faire effort pour réaliser le bien, c'est se rendre digne de l'estime des autres et de soi-même ; c'est aussi ajouter à notre valeur personnelle et à notre force morale, car tout effort heureux rend plus faciles les autres efforts ; au contraire, céder à une tentation mauvaise, s'abandonner soi-même comme le soldat qui fuit dans la bataille, c'est nous ôter en partie notre droit à l'estime des autres et de nous-mêmes, c'est faire baisser le niveau de notre valeur morale, c'est démériter.

N'est-il pas vrai que nous admirons l'homme courageux qui triomphe de la crainte et s'expose à la mort pour sauver la vie d'un autre homme ? Que nous méprisons le lâche qui cède à la peur, à la menace et abandonne ses compagnons dans le danger ? Nous jugeons que celui-là a mérité, que celui-ci a démérité.

J. GÉRARD (Morale).

CH. DELAGRAVE, éditeur.

DEUXIÈME LECTURE (bis)

LE REMORDS

Chaque homme a au milieu du cœur un tribunal où il commence par se juger soi-même, en attendant que l'Arbitre souverain confirme la sentence. Si le vice n'est qu'une conséquence physique de notre organisation, d'où vient cette frayeur qui trouble les jours d'une prospérité coupable ? Pourquoi le remords est-il si terrible qu'on préfère de se soumettre à la pauvreté et à toute la rigueur de la vertu, plutôt que d'acquérir des biens illégitimes ? Pourquoi y a-t-il une voix dans le sang, une parole dans la pierre ? Le tigre déchire sa proie, et dort ; l'homme devient homicide, et veille. Il cherche les lieux déserts, et cependant la solitude l'effraie ; il se traîne autour des tombeaux, et cependant il a peur des tombeaux. Son regard est mobile et inquiet : il n'ose regarder le mur de la salle du festin, dans la crainte d'y lire des caractères funestes. Ses sens semblent devenir meilleurs pour le tourmenter : il voit, au milieu de la nuit, des lueurs menaçantes ; il est toujours environné de l'odeur du carnage ; il découvre le goût du poison dans les mets qu'il a lui-même apprêtés ; son oreille, d'une étrange subtilité, trouve le bruit où tout le monde trouve le silence ; et, sous les vêtements de son ami, lorsqu'il l'embrasse, il croit sentir un poignard caché. C'est sa conscience qui crie et le tourmente.

CHATEAUBRIAND.

III

La Liberté, la Volonté, la Responsabilité

La volonté est cette faculté par laquelle nous nous déterminons à agir. Vouloir en effet, c'est reconnaître que l'on est l'auteur d'une décision.

La volonté n'existe pas si elle n'est pas libre, la liberté est le privilège que nous avons d'être les maîtres de nos actions; c'est ce droit qui nous a été accordé d'user des facultés de notre esprit et des forces de notre corps comme nous l'entendons.

Il est très important de réfléchir avant de prendre une décision, car notre volonté libre nous rend responsables de nos actes.

Si nous nuisons à autrui par notre langage ou par nos actions, nous devons réparer le dommage causé.

MAXIME : *Etre libre, c'est obéir à la raison.*

(STOÏCIENS).

TROISIÈME LECTURE

___

LA VOLONTÉ

En octobre 189..., quand le père de Stardi le conduisit à l'école, mal fagoté dans sa vareuse verte, il dit au professeur :

« Ayez beaucoup de patience, parce que mon fils a la compréhension difficile. » Tous les élèves l'appelaient depuis « tête de bois ». Mais lui, Stardi, se disait : « Ou je mourrai, ou je réussirai. » Et il se mit à travailler la nuit, le jour, chez lui, à l'école, à la promenade, patient comme un bœuf, obstiné comme un mulet. Et ainsi, à force d'activité, se moquant des moqueurs, donnant des coups de pieds aux importuns, il a passé par-dessus tout le monde, ce têtu !

Il ne savait pas un mot d'arithmétique, remplissait sa composition de sottises, ne pouvait pas se rappeler une date, et maintenant il résout des problèmes, écrit correctement, et récite ses leçons sans la moindre erreur. On devine sa volonté de fer, rien qu'à son aspect trapu, à voir sa tête carrée encaissée dans les épaules, ses mains courtes et grosses, à entendre sa voix rude. Chaque fois qu'il a dix sous, il s'achète un livre : il a déjà formé une petite bibliothèque, et dans un moment de bonne humeur, il a laissé échapper qu'il me la ferait voir quand je viendrais chez lui. Il ne parle à personne, ne joue avec personne, il est toujours sur son banc, et, le menton sur ses poings fermés, il écoute le professeur.

Combien il a dû travailler, ce pauvre Stardi! Ce matin, en lui remettant la médaille, le professeur, qui était pourtant dans un de ses moments d'impatience, ne put s'empêcher de lui dire :

« Bravo, Stardi! la persévérance vient à bout de tout! »

Stardi ne paraissait pas du tout fier de son succès ; il ne sourit même pas, et de retour à son banc, il appuya de nouveau son menton sur ses deux poings, et resta plus attentif que jamais.

Le plus beau, ce fut à la sortie, où son père était venu l'attendre. Un homme trapu et épais comme lui, avec une grosse face et une grosse voix. Comme il ne s'attendait guère à ce que son fils remportât la médaille, il ne voulait pas y croire. Il fallut que le professeur le lui assurât personnellement ; alors il se mit à rire aux éclats, donna une tape sur la nuque de son fils et s'écria très haut : « Mais bien! mais très bien, ma chère caboche! » Il regardait son fils tout étonné. Ceux qui étaient là souriaient de même. Stardi, seul, était calme et marmottait déjà entre ses dents la leçon du lendemain.

ED. DE AMICIS (*Grands Cœurs*, traduction de A. PIAZZI).

CH. DELAGRAVE, éditeur.

TROISIÈME LECTURE (bis)

LA RESPONSABILITÉ

C'est parce que je suis une personne intelligente, raisonnable, libre, que je suis responsable.

La responsabilité est directe et complète lorsque l'effet répond entièrement à notre intention. Un homme veut en tuer un autre : il le tue. Il est responsable d'un meurtre, il est criminel. J'ai voulu, à la chasse, tirer un lièvre ; je vise, sans le savoir, mon compagnon, mon ami, et je le tue ; je ne suis responsable de sa mort qu'indirectement ; mais je me reprocherai toute ma vie mon imprudence, ma maladresse, ma légèreté ; c'est de cela que je suis réellement responsable. L'homme qui a voulu en tuer un autre l'a manqué ; il l'a blessé seulement. De quoi est-il responsable ? D'une blessure ou d'un meurtre ? Il est responsable des deux. L'acte, c'est une blessure, l'intention, c'était un meurtre.

Il m'arrive, en marchant sur une pente de la montagne, de détacher, malgré moi, quelque pierre qui, roulant avec une rapidité croissante, va tuer raide un berger placé dans un lieu que je ne vois même pas. J'aurai du regret de cet accident, mais je n'aurai pas de reproche à me faire ; je n'en suis pas moralement responsable.

Que faut-il donc pour être responsable ? Etre

la cause consciente, volontaire, intentionnelle d'un acte, ou d'une décision de la volonté qui aurait produit cet acte, si un obstacle indépendant de nous mêmes n'en eût empêché la réalisation.

La responsabilité est faible chez l'enfant, jeune et inexpérimenté, elle est faible chez l'ignorant, d'autant plus faible qu'il sait moins de choses, qu'il se rend moins compte de la portée de ses actes. Elle est grande chez l'adulte, chez l'homme instruit. L'homme n'est pas responsable des faits où sa volonté n'est pour rien.

JULES STEEG (*L'honnête homme*).

FERNAND NATHOU, éditeur

CHAPITRE II
L'ENFANT DANS LA FAMILLE

IV

Devoirs envers les Parents

Nos parents nous ont donné la vie ; ils nous nourrissent, nous entretiennent et nous entourent d'amour et de soins vigilants ; ils nous donnent ou nous font donner une éducation et une instruction en rapport avec leurs moyens. Ayons donc pour les auteurs de nos jours la plus profonde reconnaissance. Nous devons les aimer, les respecter, leur obéir, prendre soin d'eux quand ils sont malades, les secourir et les consoler quand un malheur les frappe, et les assister affectueusement dans leur vieillesse

Un enfant bien élevé aime et respecte toujours ses parents ; il ne prend jamais de détermination importante sans les consulter.

MAXIME : *Tout homme sensé aime et honore ses parents.*

(PLATON).

QUATRIÈME LECTURE

Emile-Edouard Beaugé, à Blois (Loir-et-Cher), est né le 7 décembre 1831 ; il est aujourd'hui l'aîné de huit enfants. En 1893, muni de son certificat d'études, il n'a qu'une pensée : venir en aide à ses parents. Il entre chez un notaire comme petit clerc et expéditionnaire ; il se fait remarquer de tout le monde par son zèle et son activité. Rentré chez lui, il fait des copies, il aide sa mère aux soins du ménage ; au dehors, il se rend utile autant que possible, et rapporte à la maison les petits salaires qu'il reçoit. Depuis sept ans cette piété filiale ne s'est pas démentie un seul instant. Pour récompenser son dévoûment, l'Académie française lui a décerné un prix de vertu de 500 fr. en 1900.

(Rapport sur les Prix de Vertu, 1900).

QUATRIÈME LECTURE (bis)

Mlle JOSSERAND

Dans la ville de Provins, une famille honnête fut complètement ruinée par des entreprises hasardeuses. Après avoir donné tout ce qu'il possédait, le malheureux père, âgé et incapable de travail, devait encore près de 4,000 francs.

Déclaré insolvable et n'ayant que des enfants mineurs, les créanciers l'abandonnèrent. L'un de ses enfants était une jeune ouvrière qui travaillait depuis quelques années pour s'amasser une dot qui lui permît d'entrer dans la vie religieuse : c'était là l'unique objet de ses vœux.

Aussitôt que le désastre de sa famille lui fut connu, abandonner son petit trésor pour suffire aux premiers besoins, devenir, par son travail l'unique appui d'un père infirme, d'un frère enfant, d'une grand'mère octogénaire, tout cela ne fut pas assez pour la jeune fille.

Sa mère, sa pauvre mère, est là mourante, et ce n'est pas la misère qui la tue. Sa fille, en veillant auprès d'elle, comprend les vœux que sa mère forme dans son cœur, sans oser les exprimer, et se dévoue à leur accomplissement. Le travail du jour, celui des nuits, joint aux plus rudes privations, lui permettront d'acquitter les dettes de la famille, et un jour le nom de son père sera réhabilité.

La malheureuse mère ferme les yeux, en bénissant sa fille. — Celle-ci va trouver les créanciers, leur demande du temps, beaucoup de temps et les supplie de laisser quelques effets à son vieux père.

On est ému à la vue de cette enfant, mais son projet étonne : elle n'a que son travail, trois personnes sont à sa charge, et elle entreprend de payer des dettes qui ne sont pas les siennes ! Une résolution aussi forte, dans un âge aussi tendre, trouve des incrédules.

Vingt ans après avoir pris ce noble engagement, Mlle Josserand en avait rempli toutes les obligations, et elle semblait croire que sa conduite n'avait rien que de très ordinaire.

Son courage n'ayant jamais failli, une vie qui n'a été que la mise en œuvre d'une bonne pensée lui a laissé toute sa délicatesse et toute sa modestie.

Elle a reçu les derniers vœux de sa grand'mère ; la vieillesse de son père a été honorée par elle et pour elle ; son frère lui doit une bonne éducation et un état ; il lui doit surtout un nom sans tâche, car toutes les dettes ont été acquittées ; et ce sont des créanciers payés, ce sont des voisins témoins de tout, qui ont, à son insu, divulgué le secret d'une vertu si rare.

Cité par Th.-H. BARRAU.
(Morale pratique) — HACHETTE, éditeur.

V

Devoirs envers les Grands-Parents et les autres membres de la Famille

Outre notre père et notre mère, notre famille comprend encore nos grands-parents, nos oncles et nos tantes, nos cousins et nos cousines.

Si nous avons le bonheur de posséder nos grands-parents, aimons-les de tout notre cœur, obéissons-leur et respectons-les : nous les rendrons heureux. Ils ont beaucoup d'expérience et leurs conseils nous sont précieux.

Nos oncles et nos tantes ont droit aussi à notre affection, à notre respect et à notre prévenance ; entretenons avec eux des relations de soumission affectueuse.

Avec nos cousins et nos cousines, nos rapports doivent être empreints de la plus franche amitié.

PENSÉE : *Lorsqu'un enfant a appris à vénérer les cheveux blancs d'un aïeul, il est disposé à entourer d'égards toutes les personnes âgées.*

MARION.

CINQUIÈME LECTURE

LES GRAND' MÈRES

Vous tous, petits enfants, aimez bien vos grand'mères ;
Entourez-les ; leur âge a des douleurs amères :
Oh ! formez devant l'âtre une riante cour,
Quand votre aïeule vient au cercle de famille
Chauffer ses membres froids, au foyer qui pétille,
  Son cœur à votre amour ;

Ses mains qu'il faut presser avec mille tendresses,
Sont pleines de jouets et pleines de caresses :
Baisez ses cheveux blancs, diadème béni ;
Qu'il souffle un peu d'amour dans ses chemins arides :
Un seul baiser d'enfant fait oublier vingt rides
  A son front rajeuni.

Mais un jour vous verrez sur la porte un drap noir :
L'aïeule manquera dans le cercle du soir ;
Puis, plus tard, votre mère et tous vos plus fidèles :
Nos logis sont des nids d'abord pleins et joyeux,
Mais dont les habitants sont des oiseaux des cieux,
  Qui tôt ou tard ouvrent leurs ailes.

Oh ! quand vous serez tous plus tristes et plus grands,
Quand vous saurez penser, mes petits ignorants,
Le soir, en remuant le passé plein de flamme,
De l'aïeule adorée vous parlerez encor :
Vos souvenirs d'enfants, comme autant de fils d'or,
  L'auront enchaînée à votre âme !

Mme A. SÉGALAS.

CINQUIÈME LECTURE (bis)

VIEILLARDS ET ENFANTS

Entre les vieillards et les petits enfants, il y a une intimité d'une espèce très particulière et beaucoup plus profonde qu'on ne croit. Séparés par toute une longue vie, ils se tendent instinctivement les bras, ainsi que deux amis qui se retrouvent. Ne semble-t-il pas que l'existence soit un de ces anneaux brisés et flexibles dont les deux extrémités se rejoignent naturellement aussitôt qu'à cessé l'effort qui les séparait. Le vieillard vit tout entier dans le rêve de ce qui fut, c'est-à-dire de son souvenir, tout comme l'enfant vit tout entier dans le rêve de ce qui sera. Le petit enfant et le vieillard sont deux poètes enfermés dans leur impuissance ; celui-ci ne peut plus, celui-là ne peut pas encore. Voilà, je crois, le lien secret qui les réunit l'un à l'autre.

Si Dieu a voulu que l'intimité fût, pour ainsi dire naturelle entre les vieillards et les petits enfants, c'est sans doute pour permettre à la grand'mère de faire naître, dans les petits cœurs qui s'entr'ouvrent, le respect du passé dont elle est la gardienne. Elle seule sait trouver, sans effort, le langage qui convient pour leur faire aimer les choses d'autrefois.

G. DROZ.

VI

Devoirs des Frères et Sœurs entre eux

La communauté d'origine et la même vie au foyer développent, chez les enfants d'une même famille, une tendresse et une confiance réciproques. Le même sang coule dans les veines des frères et des sœurs ; ils reçoivent les mêmes conseils, mangent à la même table, et sont l'objet des mêmes soins vigilants et affectueux, comment ne s'aimeraient-ils pas ?

« Deux frères qui s'aiment, qui peuvent s'appuyer l'un sur l'autre avec une confiance absolue dans toutes les circonstances de la vie, sont bien forts contre le chagrin, bien préparés à jouir du bonheur que l'existence leur réserve.

Les sœurs ont droit à des sentiments plus tendres ; il y a dans leur manière d'aimer, une délicatesse et une grâce qui appellent une amitié plus caressante et qui ne s'effraient pas d'une nuance de protection. » (1).

PENSÉE : *Un frère est un ami donné par la nature.*

(LEGOUVÉ)

(1) MÉZIÈRES.

SIXIÈME LECTURE

AUGUSTINE GAY

Augustine Gay, à Embrun (Hautes-Alpes), était affligée dès sa naissance d'une infirmité et d'une faiblesse générale qui la rendaient impropre à un dur labeur ; il lui fallut cependant, à l'âge de 11 ans, à la mort de sa mère arrivée en 1875, la remplacer, et servir de mère à deux jeunes frères : son père mourut en 1883, la laissant sans aucune ressource et ses deux frères à élever. Elle les envoya chaque jour à l'école, puis, organisant son intérieur, préparant la nourriture, elle utilisait le temps qui lui restait à gagner un modeste salaire en travaillant à la couture. Son frère aîné, après avoir été un excellent élève, avait trouvé un modeste emploi, qui éloignait la misère ; mais subitement atteint d'une maladie de poitrine, après plusieurs années de souffrances, il succombait en 1893. Son autre frère a fait une chute qui lui a occasionné une fracture au bras, et qui le met souvent dans l'impossibilité de travailler. Elle n'a cessé de se montrer d'un dévouement à toute épreuve ; elle est restée, à leur chevet, courageuse et infatigable, sans souci de sa chétive santé.

Pour récompenser sa piété filiale et son dévouement pour ses frères, l'Académie française en 1897, lui a décerné un prix de vertu de 500 francs.

(Rapport sur les Prix de Vertu, 1897).

SIXIÈME LECTURE (bis)

Enfance de Georges STEPHENSON

Georges Stephenson, encore enfant, accompagnait un jour sa sœur aînée, qui allait à la ville voisine acheter un chapeau. Dans une boutique la jeune fille vit un chapeau tout à fait de son goût, mais dont le prix dépassait de quelques sous la petite somme qu'elle avait dans sa bourse. Elle s'éloignait, le cœur un peu gros, lorsque Georges lui dit tout à coup : « Ne te tourmente pas, je vais voir si je ne puis gagner l'argent qui te manque. Attends-moi seulement ici. » Et il partit au pas de course dans la direction du marché. La jeune fille attendit quelque temps ; elle commençait même à s'inquiéter, quand elle vit venir son frère tout courant : « J'ai de l'argent », lui cria-t-il de loin. — « Et comment te l'es-tu procuré ? — En tenant les chevaux des marchands », répondit joyeusement le jeune homme, heureux d'avoir pu faire à sa sœur un grand plaisir en s'imposant une petite peine.

Cité par M. MÉZIÈRES.
(Éducation morale et Instruction civique)
CH. DELAGRAVE, éditeur.

VII

Protection des plus âgés à l'égard des plus jeunes

Les aînés de la famille sont souvent chargés de surveiller et de soigner les plus jeunes ; ils doivent s'acquitter de cette tâche avec beaucoup de soin et de tendresse. En général, les jeunes filles accomplissent ce devoir d'une façon toute maternelle. Le rôle des garçons aînés prend de l'importance, si la mort ravit le chef de famille. Dans ce cas « ils héritent, à l'égard des plus jeunes, des devoirs des parents et par suite de leurs droits. » Ils doivent soigner les orphelins et aider leur mère à les bien élever. Ce sera le meilleur moyen d'adoucir la perte cruelle qui a frappé la famille. Les aînés doivent surtout le bon exemple à leurs cadets.

PENSÉE : *Ma meilleure éducation fut l'exemple que me donnèrent mes frères.*

(Sir. Ch. BELL).

SEPTIÈME LECTURE

Maria-Lucie-Caroline WATRELOS
à Lille (Nord)

En 1854, sa mère restée veuve avec ses enfants en bas âge, obligée d'aller travailler au dehors, en confiait la garde à sa fille aînée Marie, qui avait alors onze ans. Quoique faible et délicate, Marie se consacra à ses frères et sœurs, leur prodiguant les soins les plus dévoués. A seize ans, grâce à son intelligente activité, elle trouvait le temps de faire quelques ouvrages de couture pour augmenter les ressources du ménage : depuis lors, c'est-à-dire pendant trente-cinq ans, elle a travaillé pour les siens ; ses frères et sœurs ont reçu une éducation convenable et ont été établis honorablement.

Depuis dix ans sa mère est complètement paralysée ; elle a une sœur d'une intelligence faible ; Marie est leur seul soutien. Elle est âgée de cinquante-trois ans.

L'Académie française lui a décerné un prix de vertu de 500 francs.

(Rapport sur les prix de vertu, 1896).

SEPTIÈME LECTURE (bis)

SEDAINE

Un entrepreneur de bâtiments, nommé Sedaine, qui n'avait d'autre fortune que son industrie, mourut dans une ville du Midi, laissant sans ressource une femme et deux enfants. L'aîné, âgé de treize à quatorze ans, suivait alors comme externe les classes du collège. L'autre était beaucoup plus jeune.

Toute la ville s'intéressa vivement à la position de cette famille. On voulait que le jeune Sedaine continuât des études commencées avec autant de succès que de zèle ; on promettait de l'aider ; le principal du collège lui offrait son concours ; ces propositions étaient bien douces au cœur du jeune élève. « Mais quoi ! se dit-il, que deviendra mon petit frère, dont je suis l'unique protecteur, tout jeune que je suis ? Et ma mère, accoutumée à l'aisance, le travail de ses mains pourra-t-il lui suffire ?... Non, il faut que je me mette le plus tôt possible en état de les secourir : c'est mon devoir, je le sens ; ma conscience me le dit, et mon cœur m'y entraîne. » Et le pauvre enfant se fit apprenti maçon, puis tailleur de pierres.

Les ouvriers, par respect pour la mémoire de son père et pour sa belle conduite, lui témoignèrent les plus grands égards. Les maîtres s'empressèrent de faciliter ses progrès. Dès les premiers jours, il gagna quelque chose, et son salaire s'augmenta rapidement.

En quittant le collège, il avait gardé ses cahiers d'étude. Tous les soirs, il étudiait ; d'anciens camarades lui communiquaient les devoirs de classe ; les professeurs, qui recevaient toujours volontiers sa visite, l'aidaient de leurs conseils, le principal lui donnait des livres.

Ainsi commença pour lui une double existence ; le jour était consacré au travail manuel qui nourrissait sa famille, la nuit l'était en partie à la culture des facultés de l'intelligence ; le jour appartenait aux nécessités du présent, la nuit aux espérances de l'avenir. Car ce généreux enfant rêvait la gloire ; mais il cachait cette pensée au fond de son cœur. Tout en devenant un ouvrier habile, il termina ses études classiques.

Alors il voulut apprendre l'architecture, et partit pour Paris, où un ancien ami de son père lui promettait un bienveillant accueil. Les voitures publiques allaient fort lentement à cette époque : Sedaine, à l'aide de ses économies, paya une place pour son jeune frère ; lui, il suivit à pied.

A Paris, il mena le même genre de vie, gagnant par son travail de quoi se nourrir ainsi que son frère, et de quoi aider sa mère, qui était restée dans son pays ; il étudia l'architecture avec autant d'ardeur que d'intelligence, et cultiva les lettres, tant pour satisfaire les nobles penchants de son âme que dans l'espoir de se faire un nom.

Tous les succès couronnèrent une vertu si pure. Le généreux collégien, qui s'était fait apprenti maçon, devint un des meilleurs architectes et un des plus célèbres littérateurs de son temps ; riche et honoré dans les deux carrières que son ardeur avait simultanément embrassées; il mourut membre de l'Académie d'architecture et de l'Académie française.

Th.-H. Barrau.
(Morale Pratique) Hachette, éditeur.

VIII

Devoirs des Parents envers leurs Enfants

Le premier devoir des parents c'est d'aimer également leurs enfants, sans excès et sans faiblesse.

Autant que possible la mère doit nourrir son enfant ; elle seule trouve dans les inspirations de sa tendresse maternelle les soins que réclame cette frêle créature.

Ensuite le travail du père et de la mère est nécessaire pour assurer à leur enfant les aliments, les vêtements et tout ce qui convient à sa subsistance et à sa santé.

Ces soins matériels ne doivent pas faire perdre de vue l'éducation. Les parents auront soin d'étudier le caractère de leur enfant, de lui donner de bonnes habitudes, de former son cœur, de de l'instruire ou de le faire instruire selon leurs moyens et selon ses aptitudes ; ils doivent avoir en vue son bonheur et non le leur : par conséquent ils sont tenus de lui fournir les moyens de se procurer un état ou une profession qui lui permette de remplir dignement son rôle dans la vie.

PENSÉE : *L'éducation par l'exemple est la plus efficace.*

(Jules SIMON).

HUITIÈME LECTURE

LE CHEF DE FAMILLE

Le premier devoir du chef de famille, celui qui enveloppe tous les autres, est la protection.

L'autorité lui est dévolue par les lois et par l'usage. De plus, elle résulte de la nature même des choses : car entre deux personnes, même parfaitement unies, il est difficile, il est impossible de rencontrer une constante uniformité de vues, de sentiments et de volonté. Il faut donc une voix prépondérante qui décide en dernier ressort ; il faut qu'entre ces deux personnes investies en commun de l'autorité domestique, l'une des deux ait le privilège de l'autorité suprême. Evidemment, le pouvoir appartient, dans la famille, à celui qui est assez fort pour la défendre et assez raisonnable pour la gouverner.

Mais cette autorité ne serait qu'un privilège insupportable, si l'homme prétendait l'exercer sans rien faire, et sans rendre à la famille en sécurité, ce qu'elle lui paie en respect et en obéissance. Le *travail*, voilà un des devoirs essentiels de l'homme, comme chef de famille. Cela est vrai de toutes les classes de la société, tout aussi bien de celles qui vivent de leurs revenus que de celles qui vivent de leur travail.

Car les uns ont à se rendre dignes de la fortune qu'ils ont reçue, par de nobles occupations, et, au moins de la conserver et de la faire fructifier par une habile administration ; et les autres, ont, je ne dis pas une fortune à acquérir, but très rarement atteint, mais ils ont devant eux un objet bien plus pressant, celui de faire vivre tous ceux qui reposent sous leur tutelle.

Paul JANET.
(Cours de Psychologie et de Morale)
Ch. DELAGRAVE, éditeur.

HUITIÈME LECTURE (bis)

LES MÈRES DE FAMILLE

Les mères de famille doivent comprendre combien elles sont obligées de former de bonne heure leurs jeunes filles aux soins domestiques. Elles seules peuvent ici leur donner sur cet article les leçons qui leur sont nécessaires. Après qu'on leur a enseigné de l'arithmétique ce qui convient à leur âge et à leur sexe, il faut les mettre tout d'un coup dans la pratique, leur faire composer à elles-mêmes des mémoires et leur faire régler des comptes. Une mère intelligente les forme par degrés à ces différents exercices, et entre pour cela avec elles dans le dernier détail : elle les accoutume à connaître le prix et la qualité des toiles, du linge, des étoffes, des denrées, de la vaisselle et de tous les autres ustensiles. Quand elle fait des achats et des emplettes, elle les mène avec elle chez les marchands ; elle leur apprend les temps où il faut faire chaque provision ; elle les instruit de la manière dont on doit ordonner un repas, et de ce qui sert ordinairement dans chaque saison ; du prix de tout ce qui convient pour meubler une maison, un appartement. Elle entre avec elles en connaissance de ce qu'il faut faire pour la tenue d'une ferme et d'une maison de campagne, pour tenir les terres en bon état, pour empêcher qu'on ne les dégrade, et, s'il se peut, pour les améliorer. Elle a soin d'inspirer à ses jeunes filles, les principes d'une sage et noble économie, qui s'éloigne également d'une sordide avarice et d'une ruineuse prodigalité.

D'après ROLLIN.
(*Traité des Études*)

IX

La Famille autrefois et aujourd'hui L'Esprit de Famille

Dans l'antiquité, l'autorité du chef de famille était absolue et souvent cruelle. En Germanie, à Sparte, les enfants malades ou contrefaits étaient mis à mort, afin que l'Etat n'eût pas de membres inutiles. A Rome le père de famille avait le droit de vie et de mort sur ses enfants.

En France, avant 1789, il n'y avait pas de loi précise qui protégeât les femmes ni les enfants. Le père de Mirabeau l'enferma arbitrairement dans le donjon de Vincennes où il séjourna 42 mois. Le droit d'aînesse donnait lieu aussi à des abus criants.

Aujourd'hui, les enfants, égaux en droits, redoutent moins la sévérité de leurs parents ; mais, plus qu'autrefois, les parents pour être respectés doivent être respectables. Tous les membres de la famille doivent s'aimer et s'entr'aider, dans la bonne comme dans la mauvaise fortune.

Cette union, cet effort commun qui nous invite à honorer le nom que nous portons, s'appelle l'esprit de famille.

MAXIME : *Tous pour chacun, chacun pour tous est la règle de la famille.*

(J. GÉRARD).

NEUVIÈME LECTURE

ÉDUCATION DE FAMILLE

Comme il n'y a pas de religion sans temple,
il n'y a pas de famille sans l'intimité du foyer
domestique. L'enfant qui a dormi dans le berceau
banal de la crèche et qui n'a pas été embrassé
à la lumière du jour par les deux seuls être dans
le monde qui l'aiment d'un amour exclusif,
n'est pas armé pour les luttes de la vie. Au jour
des cruelles épreuves, quand on croirait que le
cœur est desséché, à force de dédaigner ou à
force de souffrir, tout à coup on se rappelle, ces
mille riens qu'on ne pourrait raconter et qui
font tressaillir : ces pleurs, ces baisers, ce cher
sourire, ce grave et doux enseignement mur-
muré d'une voix si touchante. La source vive
de la morale n'est que là ; nous pouvons écrire
des livres et faire des théories sur le devoir et
le sacrifice ; mais les véritables professeurs de
morale, ce sont les femmes. Ce sont elles qui
conseillent doucement le bien, qui récompensent
le dévouement par une caresse, qui donnent,
quand il le faut, l'exemple du courage et l'exemple plus difficile de la résignation, qui enseignent
à leurs enfants le charme des sentiments tendres
et les fières et sévères lois de l'honneur. Oui,
jusque sous le chaume, et dans les mansardes

de nos villes, et dans les caves où ne pénètre
jamais le soleil, il n'y a pas une mère qui ne
souffle à son enfant l'honneur en même temps
que la vie. C'est là, près de cet humble foyer,
dans cette communauté de misère, de soucis et
de tendresse que s'enfantent les simples et énergiques résolutions ; c'est là que se trempent les
caractères.

J. SIMON (l'Ouvrière).
HACHETTE, éditeur.

NEUVIÈME LECTURE (bis)

LA FAMILLE DANS LA DÉMOCRATIE

Dans la famille démocratique le père n'exerce
guère d'autre pouvoir que celui qu'on se plaît à
accorder à la tendresse et à l'expérience d'un
vieillard. Ses ordres seraient peut-être mécon-
nus ; mais ses conseils sont d'ordinaire pleins de
puissance. S'il n'est point entouré de respects offi-
ciels, ses fils du moins l'abordent avec confiance.
Il n'y a point de formule reconnue pour lui
adresser la parole ; mais on lui parle sans cesse,
et on le consulte chaque jour. Le maître et le
magistrat ont disparu ; le père reste.

Il suffit, pour juger la différence des deux
états sociaux sur ce point, de parcourir les cor-

respondances domestiques que les aristocrates nous ont laissées. Le style en est toujours correct, cérémonieux, rigide et si froid que la chaleur naturelle du cœur peut à peine s'y sentir à travers les mots.

Il règne, au contraire, dans toutes les paroles qu'un fils adresse à son père, chez les peuples démocratiques, quelque chose de libre, de familier et de tendre à la fois, qui fait découvrir au premier abord que des rapports nouveaux se sont établis au sein de la famille.

La douceur de ces mœurs est si grande que les partisans de l'aristocratie eux-mêmes s'y laissent prendre et que, après l'avoir goûtée quelque temps, ils ne sont pas tentés de retourner aux formes respectueuses et froides de la famille aristocratique.

De Toqueville.

X

Devoirs réciproques
des Maîtres et des Serviteurs, des Patrons
et des Ouvriers

Les domestiques sont tenus de servir fidèlement leurs maîtres, de leur obéir, de les respecter, d'être polis et prévenants et de prendre leurs intérêts comme s'ils étaient les enfants de la maison.

Les ouvriers et les employés ont les mêmes devoirs à remplir envers leurs patrons.

Le plus sûr moyen d'être bien servi c'est d'entourer les serviteurs et les employés de bienveillance et de soins ; jamais de paroles grossières ni de mots humiliants qui les blesseraient.

Les maîtres ou patrons ont à surveiller leurs subordonnés, mais aussi à leur témoigner de la confiance ; il faut qu'ils supportent, chez leurs employés, les défauts communs à l'humanité.

MAXIME : *Les bons maîtres font les serviteurs fidèles et dévoués.*

(MARION).

DIXIÈME LECTURE

Charles RABOT

Nous vous avons déjà parlé, mes chers enfants, des prix de vertu décernés chaque année par l'Académie française à des personnes qui se dévouent pour leurs semblables, qui pensent que la vie est bonne parce qu'elle permet de faire du bien à autrui.

Des domestiques et des ouvriers nous offrent des traits émouvants de patience et d'abnégation.

En voici deux exemples :

Charles Rabot, né à La Rochelle en 1826, est entré à l'âge de 12 ans, comme ouvrier cordonnier, chez un maître qu'il soutient depuis plusieurs années. Son patron, par suite de la mort de sa femme et de l'abandon de sa fille, se trouva sans ressources à un âge avancé (84 ans) ; paralysé, affecté d'un catarrhe, il reçoit les soins les plus touchants et les plus assidus de son ancien ouvrier qui est âgé de 74 ans.

L'Académie française fut heureuse de récompenser ce dévoûment en décernant à Charles Rabot un prix de vertu de 500 francs.

(Rapport sur les Prix de Vertu, 1900).

DIXIÈME LECTURE (bis)

Marguerite MOTTET

A Lyon, depuis trente-six ans, Marguerite Mottet n'a pas cessé d'être au service des mêmes maîtres. Après une faillite arrivée en 1895, suivie bientôt du décès du mari, elle a continué à servir sans gages la veuve, avec laquelle elle demeure toujours. Ses gages s'élevaient à la somme de trois cent cinquante francs par an. Elle avait fait des économies qu'on peut évaluer de dix à douze mille francs ; ces économies, placées chez ses patrons ont été perdues par suite de la faillite. Elle s'est mise à travailler au dehors, à faire des ménages, afin d'aider sa maîtresse à vivre. Elle aidait encore de son argent ses frères pauvres. L'Académie française reconnut son dévoûment et lui accorda un prix de 500 francs.

(Rapport sur les prix de vertu, 1897).

XI

Devoirs des Enfants envers les Serviteurs de leurs Parents

Beaucoup d'enfants sont disposés à prendre les serviteurs de leurs parents pour les instruments de leurs volontés ou de leurs caprices. Ils ignorent que n'étant pas les maîtres des domestiques, ils n'ont pas le droit de leur donner des ordres. En réfléchissant ils reconnaîtraient sans peine que les serviteurs sont des êtres humains comme eux ; c'est la pauvreté, situation dont ils ne sont pas responsables, qui les a mis au service d'autrui.

Tâchons d'adoucir leur sort en les aimant comme des amis qui nous rendent service ; facilitons leur tâche en leur témoignant de la bienveillance et de la sympathie.

MAXIME : *Pauvreté n'est pas vice.*

ONZIÈME LECTURE

Conduite à tenir envers les Pauvres et envers les Serviteurs

Il ne s'agit point d'épuiser sa bourse et de verser l'argent à pleines mains ; je n'ai jamais vu que l'argent fît aimer personne. Il ne faut point être avare et dur, ni plaindre la misère qu'on peut soulager ; mais vous auriez beau ouvrir votre bourse, si vous n'ouvrez pas aussi votre cœur, celui des autres vous restera toujours fermé. C'est votre temps, ce sont vos soins, votre affection, c'est vous-même qu'il faut donner.

Il y a des témoignages d'intérêt et de bienveillance qui font plus d'effet et sont réellement plus utiles que tous les dons. Combien de malheureux, de malades ont plus besoin de consolations que d'aumônes ! Combien d'opprimés à qui la protection sert plus que l'argent ! Réconciliez les gens qui sont brouillés, prévenez les procès, portez vos camarades au devoir, les patrons à l'indulgence, empêchez les vexations, employez votre crédit en faveur du faible, à qui on refuse de rendre justice, et que le puissant accable. Déclarez-vous hautement le protecteur des malheureux. Soyez juste, humain, bienfaisant, aimez les serviteurs de vos parents, ils vous aimeront et vous serviront ; soyez leur ami, ils seront les vôtres.

(Anonyme)

ONZIÈME LECTURE (bis)

UNE JEUNE FILLE MODÈLE

« Antiope est douce, simple et sage. Ses mains ne méprisent pas le travail. Elle prévoit de loin. Elle pourvoit à tout. Elle sait se taire et agir de suite sans empressement. Elle est à toute heure occupée et ne s'embarrasse jamais, parce qu'elle fait chaque chose à propos. Le bon ordre de la maison de son père est sa gloire. Elle en est plus ornée que de sa beauté. Quoiqu'elle ait soin de tout et qu'elle soit chargée de corriger, de refuser, d'épargner, choses qui font haïr presque toutes les femmes, elle s'est rendue aimable à toute la maison, même aux domestiques ; c'est qu'on ne trouve en elle ni passion, ni entêtement, ni légèreté, ni humeur, comme dans les autres femmes. D'un seul regard elle se fait entendre, et on craint de lui déplaire. Elle donne des ordres précis. Elle n'ordonne que ce qu'on peut exécuter. Elle reprend avec bonté, et, en reprenant, elle encourage.

Le cœur de son père se repose sur elle, comme un voyageur abattu par les ardeurs du soleil se repose à l'ombre sur l'herbe tendre. Son esprit, non plus que son corps, ne se pare jamais de vains ornements. Son imagination,

quoique vive, est retenue par sa discrétion.
Elle ne parle que pour la nécessité. Si elle ouvre
la bouche, la douce persuasion et les grâces
naïves coulent de ses lèvres. Dès qu'elle parle,
tout le monde se tait, et elle en rougit. Peu s'en
faut qu'elle ne supprime ce qu'elle a voulu dire,
quand elle s'aperçoit qu'on l'écoute si attenti-
vement. »

FÉNELON.

CHAPITRE III
L'ENFANT DANS L'ÉCOLE

XII
Assiduité, Docilité, Travail, Propreté

Grâce à la générosité du Gouvernement de la République nos écoles sont bien installées, bien aérées et propres à leur destination ; elles ne sont plus ces « geôles de jeunesse captive » et les maîtres n'y ont plus les mains armées de fouets comme au bon vieux temps. Vos maîtres, instruits et bien élevés, vous demandent, et ils en ont le droit, d'être assidus, dociles et laborieux.

Être assidus c'est ne jamais manquer la classe. Si à l'assiduité vous joignez la docilité qui consiste à écouter et à mettre en pratique les conseils et les leçons de vos maîtres, vous n'aurez plus qu'à bien soigner vos devoirs et à étudier sérieusement vos leçons pour faire des progrès sensibles.

Vos mères s'imposent un surcroît de travail pour l'entretien de vos vêtements ; de votre côté veillez à vos livres et à vos cahiers et tâchez d'avoir toujours une tenue convenable.

PENSÉE : *Le travail console, il élève et fortifie l'âme.*

(MIRABEAU).

DOUZIÈME LECTURE

L'ÉCOLE

Oui, mon cher Henri, l'étude est dure pour toi, comme te le disait ta mère ; tu ne vas pas encore à l'école avec l'allure résolue et le visage souriant que je voudrais te voir. Mais songe un peu combien ta journée serait vide si tu n'allais pas à l'école ! au bout d'une semaine tu demanderais certainement à y retourner ! Tous les enfants étudient maintenant, mon cher Henri. Pense aux ouvriers qui vont à l'école le soir, après avoir travaillé toute la journée ! aux jeunes filles qui vont à l'école le dimanche, après avoir été toute la semaine occupées dans les ateliers ; aux soldats qui se mettent à écrire et à étudier quand ils reviennent de l'exercice. Pense aux enfants muets et aveugles, qui étudient aussi. Songe le matin, lorsque tu sors, qu'à la même heure, dans la même ville, trente mille enfants vont, comme toi s'enfermer trois heures dans une classe pour étudier. Pense encore à tous les enfants qui, presque en même temps, dans tous les pays du monde, vont à l'école. Evoque-les dans ton imagination, s'en allant par les sentiers des campagnes, par les rues des cités animées, sous un ciel ardent, ou à travers la neige ; en barque, dans les pays traversés de canaux ; à cheval, par les grandes plaines ; en traîneau sur la glace, par les vallées et par les collines, à travers les bois et les torrents, sur les sentiers solitaires tracés dans les montagnes ; seuls, à deux ou par groupes, en longue file, tous avec leurs livres sous le bras, vêtus de mille manières, parlant des langues diverses, depuis la dernière école de Russie, perdue sous les neiges, jusqu'à la dernière école de l'Arabie ombragée de palmiers... Millions et millions d'enfants, apprenant tous la même chose sous des formes diverses.

Imagine-toi cette fourmilière d'écoliers de cent peuples différents, l'immense mouvement dont ils font partie, et dis-toi : « Si ce mouvement cessait, l'humanité retomberait dans la barbarie, ce mouvement est le *progrès*, l'espérance, la gloire du monde ! »

Courage donc, petit soldat de l'armée immense, tes livres sont tes armes, ta classe est ton escadron, le champ de bataille est la terre entière, et la victoire, la civilisation humaine ! Oh ! ne sois jamais un soldat poltron mon Henri !

Ed. DE AMICIS,

(*Grands Cœurs*), traduction de A. Piazzi).
CH. DELAGRAVE, éditeur.

DOUZIÈME LECTURE (bis)

CONSEILS DE FÉNELON A SON NEVEU
CONTRE LA MOLLESSE

La mollesse est une langueur de l'âme qui l'engourdit, et qui lui ôte toute vie pour le bien. Sitôt qu'on l'écoute et qu'on marchande avec elle, tout est perdu. Un homme mou et amusé ne peut jamais être qu'un pauvre homme ; et s'il se trouve dans de grandes places, il n'y sera que pour se déshonorer. La mollesse ôte à l'homme tout ce qui peut faire les qualités éclatantes. Un homme mou n'est pas un homme : c'est une demi-femme. L'amour de ses commodités l'entraîne toujours malgré ses plus grands intérêts. Il ne saurait cultiver ses talents, ni acquérir les connaissances nécessaires à sa profession ; ni s'assujétir de suite au travail dans les fonctions pénibles, ni se contraindre longtemps pour s'accommoder au goût et à l'humeur d'autrui, ni s'appliquer courageusement à se corriger. Travaille-t-il, les moments lui paraissent des heures ; s'amuse-t-il, les heures ne lui paraissent plus que des moments. Tout son temps lui échappe, il ne sait ce qu'il en fait ; il le laisse couler comme l'eau sous les ponts. Demandez-lui ce qu'il a fait de sa matinée : il n'en sait rien, car il a vécu sans songer s'il vivait ; il a dormi le plus tard qu'il a pu, s'est habillé fort lentement, a parlé au premier venu, a fait plusieurs tours dans sa chambre. Encore une fois un tel homme n'est bon à rien.

FÉNELON.

XIII

Devoirs des Elèves envers leurs Maîtres et envers leurs Camarades

L'Instituteur remplace vos parents ; il vous donne l'éducation et l'instruction sans lesquelles vous ne seriez pas des hommes. Vous devez lui obéir par ce qu'il a le droit de vous commander ; le respecter et l'honorer parce qu'il est au-dessus de vous par l'âge, le savoir et l'autorité. Vous prouverez que vous avez profité de ses leçons en lui témoignant votre reconnaissance, d'abord à l'école par votre bonne conduite, et plus tard en le consultant, en le défendant si on l'attaque, et en faisant son éloge.

Les enfants d'une même école forment pour ainsi dire une famille ; il est permis de préférer des condisciples à d'autres ; mais il ne faut mépriser aucun camarade. Tous doivent s'estimer et s'entr'aider.

PENSÉE : *Ne soyons point jaloux des succès des autres ; efforçons-nous, s'il se peut, de faire aussi bien qu'eux.*

XX.

TREIZIÈME LECTURE

LE PROTECTEUR DE NELLI

Nelli, malheureux petit bossu, regardait passer les soldats ; il avait l'air triste et se disait : « Je ne pourrai jamais être soldat, moi ! » Le pauvre enfant étudie beaucoup, mais il est si maigre et si pâle qu'il s'essouffle tout de suite. Sa mère, une petite dame blonde, vêtue de noir, vient le chercher aux heures de sortie, pour qu'il ne soit pas bousculé dans la foule. Il faut voir comme elle le caresse ! Les premiers jours, les élèves se moquaient de Nelli et lui heurtaient le dos avec leur gibecière ; mais lui ne se révoltait jamais et ne le disait pas à sa mère ; il voulait lui éviter le chagrin d'apprendre que son fils était le souffre-douleur de ses camarades. On se moquait de Nelli ; et le pauvre petit pleurait silencieusement, le front appuyé sur son pupitre. Un jour, un élève, nommé Garrone, intervint et dit aux écoliers : « Le premier qui touche Nelli, aura à faire à moi ; je lui donnerai une volée dont il se souviendra ! »

Franti ne tint aucun compte des menaces de Garrone et reçut la volée en question — une volée qui lui fit faire trois tours sur lui-même. Depuis ce temps, personne n'inquiète plus Nelli. M. Perboni, professeur, a mis Garrone

sur le même banc que son protégé, et ils sont
devenus une paire d'amis. Nelli adore Garrone.
A peine entre-t-il en classe qu'il cherche des
yeux s'il voit Garrone. Il ne part jamais sans lui
dire au revoir, et Garrone fait de même. Quand
Nelli laisse tomber une plume ou un livre sous
son banc, Garrone se baisse aussitôt pour les lui
ramasser, de peur que son ami se fatigue : puis
il l'aide aussi à serrer ses livres dans un porte-
feuille et à mettre son pardessus. C'est pourquoi
Nelli aime tant Garrone et se réjouit tant lorsque
le professeur lui fait des compliments. On dirait
que c'est à lui, Nelli qu'on les adresse ! Je crois
bien que Nelli aura tout dit à sa mère : les taqui-
neries des premiers jours et l'intervention de
son ami, car voici ce qui est arrivé ce matin.

M. Perboni m'envoya porter au directeur le
programme de la leçon, une demi-heure avant
la finis j'étais là lorsque entra la mère de Nelli.

« N'y a-t-il pas dans la classe de mon fils,
demanda-t-elle au directeur, un élève qui s'appelle Garrone ?

— Oui, madame.

— Auriez-vous la bonté de le faire venir un
moment ici ? j'aurais un mot à lui dire. »

Le directeur sonna le portier et commanda
d'aller chercher Garrone, qui arriva une minute
après, l'air tout étonné d'être appelé par le
directeur.

A peine Mme Nelli eut-elle aperçu le gros
garçon qu'elle courut à lui, le prit par la tête et
l'embrassa à plusieurs reprises.

« C'est toi, Garrone, l'ami de mon fils ? le protecteur de mon pauvre petit ? c'est toi, cher enfant ? »

Puis, détachant de son cou une petite chaîne d'or à laquelle pendait une croix, et la passant au cou de Garrone : « Prends ce petit souvenir, cher enfant, lui dit-elle, prends-le de la main d'une mère qui te bénit et te remercie ! »

Ed. DE AMICIS.

(Traduction de Piazzi).

CH. DELAGRAVE, éditeur.

TREIZIÈME LECTURE (bis)

Reconnaissance envers nos Maîtres
UN PÈRE A SON FILS

Un bon élève ne se plaint jamais de son maître, j'en suis certain. « *Le professeur était dans un de ses moments d'impatience* », as-tu dit, sur un ton de rancune. Pense un peu combien de fois tu t'impatientes, toi. Et contre qui ? Contre ton père et ta mère, envers qui ces vivacités sont très coupables. Ton maître a bien sujet de s'impatienter quelquefois. Depuis de longues années, il se fatigue pour les enfants, et s'il en a rencontré quelques-uns qui aient été affectueux, gentils avec lui, la plupart n'ont été que des ingrats, qui ont abusé de sa bonté et méconnu sa peine ; malheureusement, vous lui donnez vous tous, plus de déboires que de satisfactions. L'homme le plus doux de la terre, s'il était à sa place, se laisserait emporter par la colère. Si tu savais combien de fois le professeur fait sa classe quand il est malade, parce que son mal n'est pas tout à fait assez grave pour qu'il se fasse excuser ! Il est impatient parce qu'il souffre, et c'est une grande douleur pour lui de voir que vous vous en apercevez, et que vous en abusez.

Respecte et aime ton professeur, mon fils. Aime-le, parce que ton père l'aime et le respecte ; aime-le, parce qu'il consacre sa vie au bonheur de tant d'enfants qui l'oublieront. Aime-le, parce qu'il ouvre et éclaire ton intelligence et élève ton âme. Plus tard, quand tu seras un homme, et que nous ne serons plus de ce monde, ni lui ni moi, son souvenir se présentera à toi souvent auprès du mien ; et alors, vois-tu, certaines expressions de douleur et de fatigue de son bon visage te feront de la peine, même après trente ans. Et tu auras honte, tu regretteras de ne pas l'avoir aimé, de t'être mal comporté envers lui.

Aime ton professeur, parce qu'il appartient à cette grande famille enseignante éparse dans le monde entier, qui élève des milliers d'enfants, grandissant avec toi. Je ne serai pas fier de l'affection que tu me portes, si tu n'en éprouves pas aussi pour tous ceux qui te font du bien ; et, entre eux, ton maître est le premier après tes parents. Aime-le comme tu aimerais un père ; aime-le quand il te caresse et aussi quand il te gronde ; quand il est juste et quand il te semble ne l'être pas ; aime-le quand il est gai, mais aime-le plus encore quand il est triste, et prononce toujours avec respect ce titre : « maître » ; après celui de père c'est le plus noble, le plus doux qu'un homme puisse donner à un autre homme.

De Amicis.

(Traduction de A. Piazzi).

Ch. Delagrave, éditeur.

CHAPITRE IV
LES VERTUS PRIVÉES

XIV
Hygiène — Tempérance — Courage

Le premier devoir de l'homme envers lui-même est de se conserver en bonne santé. Le corps n'est pas une guenille ; il est intimement uni à l'âme et lui sert pour ainsi dire de support. Il faut donc nous tenir propres, nous nourrir suffisamment, maintenir intacts nos organes par la pratique de l'hygiène, développer nos membres et nos muscles par le travail, la marche ou les exercices physiques.

Il faut aussi être sobres : l'excès dans le boire et le manger fatigue l'estomac, affaiblit les facultés morales et intellectuelles.

L'ivrognerie est un vice répugnant ; elle prédispose à l'abêtissement et à toutes sortes de maladies. Celui qui est sobre jouit généralement d'une bonne santé ; il est énergique et courageux.

Le courage est cet effort de la volonté qui nous fait braver le danger, vaincre nos passions et supporter l'adversité.

MAXIME : *Un vice coûte plus cher à entretenir qu'une famille.*

(FRANKLIN).

QUATORZIÈME LECTURE

Les Vertus privées et les Vertus publiques

Puisqu'une femme, des enfants, des amis, des voisins vertueux et des serviteurs fidèles à leurs devoirs sont si propres à nous rendre heureux dans le sein de nos familles, où nous passons la plus grande partie de notre vie, pourquoi la politique négligerait-elle cette branche importante de notre bonheur? Je n'ignore pas que, sous prétexte de je ne sais quelle élévation d'esprit, nos Athéniens, que je ne comprend pas, plaisantent aujourd'hui avec dédain des vertus domestiques. On dirait que ce n'est pas la peine d'être honnête homme, à moins que d'être un héros. Mais c'est parce que la corruption qui règne dans le sein de nos maisons, nous rend incapables de pratiquer les vertus domestiques, que nous avons pris le parti de les mépriser. La modestie dans les mœurs nous paraît bassesse et rusticité.

Ce n'est que par l'exercice des vertus domestiques qu'un peuple se prépare à la pratique des vertus publiques. Qui ne sait être ni mari, ni père, ni voisin, ni ami, ne saura pas être citoyen. Les mœurs domestiques décident à la fin des mœurs publiques. Penserez-vous que des hommes accoutumés à obéir à leurs passions, dans le sein de leur famille, et sans vertu les uns à l'égard des autres, dans le cours ordinaire de la vie, prendront subitement un nouveau génie et de nouvelles habitudes en entrant dans la vie publique; ou que leurs passions et leurs vices n'oseront les inspirer quand il s'agira de délibérer sur les intérets de la République, et de décider son sort ?

D'après MABLY.

QUATORZIÈME LECTURE (bis)

Effets désastreux de l'abus de l'Alcool

Il suffit d'avoir senti l'haleine d'un buveur pour savoir qu'une forte partie de l'alcool consommé s'échappe par les poumons. Ces derniers se congestionnent ; il se produit des accès de toux, de l'oppression. La voix est éraillée et rauque. Aussi les bronchites, les fluxions de poitrine deviennent fréquentes.

Mais surtout l'alcoolisme prédispose les poumons à contracter la tuberculose ou phtisie, en diminuant leur force de résistance au microbe de cette terrible maladie.

L'alcool est le pourvoyeur de la phtisie, qui fait mourir en France plus de 150,000 personnes par an, plus du sixième de la mortalité totale.

L'action de l'alcool s'observe aussi sur le cerveau. L'homme qui a bu un peu est gai, dit-on. Il a des idées originales, bizarres déjà et les assemble drôlement. C'est un début d'ivresse. La machine cérébrale commence à se détraquer.

A la phase suivante, l'homme est gris. Ses fantaisies sont moins amusantes. Il revient toujours aux mêmes idées et on le juge assommant.

Puis arrive l'ivresse, où le cerveau, tout à fait désemparé, ne dirige plus, ou dirige mal. Les idées sont stupides, les mouvements sont désordonnés, maladroits. L'homme n'est plus reconnaissable. Il est devenu fou temporairement, car l'ivresse est une véritable folie.

Pris à faibles doses répétées longtemps, l'alcool exerce encore une influence très fâcheuse sur les nerfs. Il altère la substance nerveuse. Il semble que, sous son action, l'admirable réseau des nerfs qui commande et qui sent dans notre corps soit bouleversé comme un réseau télégraphique par une tempête. Ainsi la vue est affaiblie, l'oreille entend des bourdonnements, le goût est perverti, les extrémités des membres sont peu sensibles ou quelquefois trop sensibles ; les membres sont affectés de tremblements très nuisibles dans toutes les professions. Enfin l'intelligence diminue; l'esprit s'éteint et s'abrutit, et l'alcoolique s'achemine vers la folie ou la mort.

J. BAUDRILLARD.

XV

Loyauté — Véracité — Modestie

La loyauté est une qualité qui consiste à parler et à agir comme l'on pense. Celui qui agit avec franchise et qui dit la vérité, jouit de la satisfaction de sa conscience. Les vices opposés à la loyauté et à la véracité sont l'hypocrisie et le mensonge.

L'hypocrite nous flatte en notre présence et nous calomnie en notre absence. Le menteur abuse de la confiance d'autrui. L'un et l'autre nuisent à la réputation du prochain.

L'homme modeste cherche à se connaître ; il n'humilie pas les autres en s'attribuant de grandes qualités ; il ne se vante pas ; il n'est ni arrogant, ni présomptueux, ni dédaigneux. Il remplit son devoir sans vanité, sans bruit et sans se préoccuper de ce qu'on pense de lui.

PENSÉE: *Nous gagnerons plus de nous montrer tels que nous sommes que d'essayer de paraître ce que nous ne sommes pas.*

(LA ROCHEFOUCAULD)

QUINZIÈME LECTURE

LA SINCÉRITÉ

La principale prudence consiste à parler peu, à se défier bien plus de soi que des autres, mais point à faire des discours faux et des personnages brouillons. La droiture de conduite et la réputation universelle de probité attirent plus de confiance et d'estime, et par conséquent, à la longue, plus d'avantages, même temporels, que des voies détournées. Combien cette probité judicieuse distingue-t-elle une personne, ne la rend-elle pas propre aux plus grandes choses !

Mais voyez combien ce que la finesse cherche est bas et méprisable : c'est ou une bagatelle qu'on n'oserait dire, ou une passion pernicieuse. Quand on ne veut que ce qu'on doit vouloir, on le désire ouvertement et on le cherche par des voies droites avec modération. Qu'y a-t-il de plus doux et de plus commode que d'être sincère, toujours tranquille, d'accord avec soi-même, n'ayant rien à craindre, ni à inventer ? au lieu qu'une personne dissimulée est toujours dans l'agitation, dans les remords, dans le danger, dans la déplorable nécessité de couvrir une finesse par cent autres.

Avec toutes ces inquiétudes honteuses, les esprits artificieux n'évitent jamais l'inconvénient qu'ils fuient. Tôt ou tard, ils passent pour ce qu'ils sont. Si le monde est leur dupe sur quelque action détachée, il ne l'est pas sur le gros de leur vie ; on les devine toujours par quelque endroit ; souvent même ils sont dupes de ceux qu'ils veulent tromper ; car on fait semblant de se laisser éblouir par eux, et ils se croient estimés quoiqu'on les méprise.

FÉNELON.

QUINZIÈME LECTURE (bis)

DE LA MÉDISANCE

Et quels sont les effets de la médisance ? Suivant Bourdaloue, ils sont également funestes « à celui qui médit, à celui dont ont médit et à celui devant qui l'on médit. » Oui, la médisance est funeste à tout le monde, car c'est une semence de défiance et de haine ; elle empoisonne la vie sociale. En vain dirait-on qu'il faut faire tomber les masques. Il ne nous appartient pas de nous ériger en juges des autres et en justiciers. En premier lieu nous sommes rarement bien informés de ce que nous avançons : qui donc est assuré de ne pas se tromper, et quelle n'est pas la gravité de telles erreurs ?

Puis nous parlons le plus souvent des choses où nous n'avons rien à voir : nous n'avons pas le devoir de les dire, donc nous n'en avons pas le droit. Qu'on imagine enfin le désordre d'une société dans laquelle la médisance serait érigée en loi universelle ! Car quel est celui d'entre nous qui n'a pas besoin d'indulgence ?... Mais allons plus loin ; j'imagine que nous ayons affaire à une personne vraiment coupable : je dis que, dans ce cas même, il n'est pas permis de médire, puisqu'à la personne dont on médit on fait perdre l'estime d'autrui et que la justice nous défend de la lui ravir... Que d'honnêtes gens, justement réputés tels, se sont relevés tout seuls après des fautes secrètes que le public a ignorées !

MARION.

(Morale) ARMAND COLIN, éditeur.

CHAPITRE V
LA SOCIÉTÉ

XVI
Devoirs généraux de la Vie sociale Justice et Charité

L'homme n'est pas destiné à vivre seul : il a besoin du secours des autres comme ceux-ci ont besoin du sien. Dans la société, chacun apporte son travail et ses aptitudes particulières ; de là cette diversité inévitable des fonctions : ainsi, du travail de tous résulte le bien-être de chacun. Dans les sociétés barbares c'est la force qui prime le droit ; dans les sociétés civilisées, chacun doit se soumettre à des lois faites dans l'intérêt de tous et fondées sur la justice.

Tous les principes de la morale sociale se trouvent résumés dans ces deux maximes :

Ne fais pas à autrui ce que tu ne voudrais pas qu'on te fît à toi-même.

Fais à autrui ce que tu voudrais qu'on te fît à toi-même.

Le premier de ces préceptes résume nos devoirs de justice ; le deuxième, nos devoirs de charité.

MAXIME : *Bienheureux ceux qui ont faim et soif de la justice ; bienheureux les miséricordieux.*

(Évangile)

SEIZIÈME LECTURE

Justice distributive et Charité

La justice nous apparaît comme un devoir *strict*, bien limité, parce qu'elle corrsepond toujours à un droit de nos semblables. Les devoirs de charité sont dits *larges*, parce que chacun peut faire librement le bien, dans la mesure où il le peut ; il choisit la manière et le moment de le faire.

Ce qu'il faut bien retenir, c'est que la justice et la charité sont également exigibles par la conscience. La justice est fondée sur l'égalité des droits, la charité repose sur la fraternité.

Mais la justice n'est pas une vertu négative ; elle commande l'action, l'effort, et nous invite à rendre à chacun ce qui lui est dû. Il est des circonstances où il nous faut tenir compte de l'inégalité des personnes et traiter chacun selon son mérite. Il est juste que des travailleurs de mérite inégal ne soient pas traités de même manière, car il est dû plus à celui qui a le plus et le mieux travaillé. C'est là le principe de la justice distributive.

La charité doit avoir un double objet : le soulagement de la souffrance, et le relèvement moral du malheureux ; il faut s'efforcer de tirer les malheureux de la misère, en leur procurant du travail, en leur faisant prendre de nouvelles habitudes. Condorcet écrivait à sa fille : « Ne donne point pour te délivrer du spectacle de la misère et de la douleur. Ne te borne pas à donner de l'argent, sache aussi donner tes soins, ton temps, tes lumières, et ces affections consolatrices, souvent plus précieuses que des secours. Apprends surtout à exercer ta bienfaisance avec délicatesse, avec le respect pour le malheur qui double le bienfait et ennoblit le bienfaiteur.

N'oublie jamais que celui qui reçoit est, par nature, l'égal de celui qui donne. »

D'après M. E. CAZES.
(*Instruction Morale*) CH. DELAGRAVE, éditeur.

SEIZIÈME LECTURE (bis)

Baron de MONTYON

(Antoine-Jean-Baptiste-Robert AUGET)

Le baron de Montyon, vertueux magistrat et savant distingué, jouissait d'une grande fortune, que, pendant sa longue carrière, il employa exclusivement à faire du bien dans le plus profond secret. Sa modestie était égale à sa charité, et ses innombrables bienfaits étaient toujours anonymes.

On lui indique un jour un jeune littérateur dont les talents s'annonçaient avec éclat et qui manquait des dons de la fortune. Montyon lui fit secrètement offrir une pension, mais ne voulut point, être nommé. « Je n'accepte le bienfait, dit le jeune écrivain, que sous la condition de connaître mon bienfaiteur. » Le combat dura quelque temps ; mais il n'y eut aucun moyen de fléchir ni la modestie de l'homme généreux, ni la délicatesse de l'homme de lettres.

Cet homme si riche méprisait profondément toutes les jouissances du luxe. Ses besoins étaient bornés. Il ne vivait que de légumes, de fruits et de laitage. Cette abstinence prolongea ses jours et entretint la sérénité de son âme, en fournissant de nouvelles ressources à sa bienfaisance.

Montyon ne cessa d'entretenir une correspondance active et noblement mystérieuse avec tous les bureaux de bienfaisance. Il avait eu le malheur de survivre à toute sa famille : les indigents lui en formaient une nouvelle.

Chargé d'années et de vertus, il arriva plein de sérénité à ce moment fatal qui, pour le sage, est le soir d'un beau jour. Les secrets de sa bienfaisance sortirent en foule de sa tombe. Son testament fit connaître et l'emploi de sa vie, et la puissance que donne une sage économie pour opérer un bien immense. Il légua aux hospices une somme de trois millions de francs, et à l'Académie des sciences, ainsi qu'à l'Académie française, des dotations destinées à encourager les travaux utiles à l'humanité et les ouvrages utiles aux mœurs, et à décerner des prix aux actes de vertu pratiqués dans le sein de l'obscurité et de l'indigence.

Cité par Th. BARRAU.

(Morale pratique) HACHETTE, éditeur.

XVII

Le Capital, le Travail et l'Epargne
Respect des Contrats et de la Parole donnée

Le mot capital désigne, en général, toute espèce de richesse ; au point de vue commercial, cette expression s'applique surtout aux capitaux matériels. Le capital a sa source principale dans le travail et l'épargne.

Le travail, dans une société civilisée, ne peut rien sans le capital qui, de son côté resterait improductif sans le travail : « Ce sont deux alliés nécessaires l'un à l'autre. »

L'épargne est le superflu du produit du travail ; celui qui fait des économies fait acte de tempérance et de prudence ; il se crée des ressources pour les maladies et la vieillesse.

Parmi les services que les hommes sont appelés à se rendre, les uns émanent de la charité ; les autres ont pour principe l'intérêt. De là les contrats ou conventions qui lient entre eux les particuliers. Il y a des lois qui exigent l'exécution des contrats.

En l'absence de conventions écrites, la conscience nous fait un devoir de tenir nos promesses.

MAXIME : *Entre gens d'honneur la parole est un contrat.*

(LA ROCHEFOUCAULD).

DIX-SEPTIÈME LECTURE

LA LOI DU TRAVAIL

Sois un brave enfant dans ta famille, un écolier studieux à l'école. Pour l'instant, on ne t'en demande pas davantage.

Mais demain, quand tu ne seras plus un enfant, quand tu seras un petit homme d'abord, puis tout à fait un homme, quels seront tes devoirs ?

Le premier de tous, mon enfant, ce sera d'être un bon travailleur. Que tu fasses une chose ou une autre, que tu sois avocat, médecin, employé, commerçant, ouvrier, le premier de tous tes devoirs envers ton pays, comme envers toi-même, c'est de travailler.

Qu'on le fasse de ses mains ou de son cerveau, il faut que tout le monde travaille, et ceux qui travaillent de leurs mains ne sont pas toujours ceux qui besognent le plus rudement. Sais-tu quel est l'homme méprisable ? c'est celui qui ne fait rien ; c'est l'oisif. Qu'est-ce qu'il fait, en effet ? Il se borne à profiter du travail des autres sans en accomplir aucun.

CHARLES BIGOT.

DIX-SEPTIÈME LECTURE (bis)

Exemple rare de fidélité à sa parole

On a beaucoup vanté la belle action de Régulus ; celle qu'on va lire lui est-elle inférieure ? M. de Saint-Luc, qui commandait les troupes des catholiques en Languedoc, fit prisonnier le célèbre Agrippa d'Aubigné, l'aïeul de Mme de Maintenon, chef d'un parti huguenot ; le duc d'Epernon le haïssait, Catherine de Médicis le détestait : l'un et l'autre ne cherchaient que l'occasion de le sacrifier à leur ressentiment et de se venger de ses satires.

Dès qu'ils le surent prisonnier, l'ordre fut expédié de le transférer à Bordeaux, bien lié et bien gardé. D'Aubigné était à la Rochelle. Saint-Luc lui avait permis d'y passer quelques jours ; mais ayant reçu les ordres de la cour, dont il prévoyait les suites funestes, il le fit avertir secrètement de ne pas revenir. D'Aubigné était esclave de sa parole ; il part de la Rochelle et se rend auprès de Saint-Luc qui parut consterné de son arrivée, et lui demanda s'il n'avait pas reçu son courrier : « Oui, Monsieur, lui répondit-il ; mais je vous ai donné ma parole, je veux l'acquitter et je me remets entre vos mains ; je sais que ma mort est résolue, n'importe ; mes ennemis n'ont qu'à satisfaire leur vengeance ; j'aime mieux mourir que de manquer à mon honneur, et de vous compromettre avec une cour soupçonneuse et vindicative. » Saint-Luc allait exécuter à regret les ordres qu'il avait reçus, lorsqu'on vint lui dire que les Rochelois avaient pris Guiton, gouverneur des îles de Rhé et d'Oléron, et qu'ils menaçaient de le jeter à la mer, si l'on conduisait d'Aubigné à Bordeaux. Cet incident fut pour Saint-Luc un prétexte de garder d'Aubigné et de lui sauver la vie.

(Essais historiques sur Paris.)

XVIII

Respect de la personne humaine dans sa vie, dans son honneur, dans ses biens et dans sa liberté.

La vie de l'homme est sacrée. Celui qui donne la mort à un de ses semblables commet un crime irréparable. On ne commet pas de crime en versant le sang d'un ennemi sur un champ de bataille. En dehors des cas de légitime défense, il est interdit d'exercer sur autrui une violence quelconque.

L'honneur est ce que l'homme a de plus précieux ; nous y portons atteinte par la médisance et la calomnie. En diffamant notre prochain nous nuisons à sa réputation et nous nous exposons à être poursuivis devant les tribunaux.

Les biens du prochain sont le résultat de son activité, de son industrie ou de ses talents ; ils lui appartiennent justement et ne doivent pas lui être ravis.

Dans l'antiquité les esclaves étaient en quelque sorte des bêtes de somme à la merci de leurs maîtres. Les serfs, au moyen âge, étaient attachés à la terre qu'ils cultivaient et vendus avec elle. L'esclavage et le servage sont donc contraires à la liberté. On a eu raison de les abolir.

PROVERBE : *Le bien mal acquis ne profite jamais.*

(*Proverbes*)

DIX-HUITIÈME LECTURE

LE JEUNE MANŒUVRE
(Novembre 1845)

Un fermier des environs de Toulouse avait mis au fond d'un panier, soigneusement recouvert de paille, un sac de mille francs, et le portait à dos de cheval à son propriétaire : c'était le prix de son fermage amassé à grand'peine dans cette année, mauvaise pour le pays. Chemin faisant le panier se défonça et le sac tomba sur la grande route ; ce n'est qu'à son arrivée que le fermier s'aperçoit de cette perte. Rien ne peut peindre le désespoir de cet homme ruiné. Il retourne chez lui et raconte son malheur, que l'on croit déjà sans remède.

Un jeune journalier d'environ dix-huit ans, nommé Leprieu, se rendait à son travail par le même chemin ; il trouve le sac, le ramasse avec l'étonnement d'un homme qui n'a jamais vu pareil trésor, l'enveloppe soigneusement et arrive à son chantier, où il a la prudence de ne pas parler de sa trouvaille.

Les grandes nouvelles vont vite : c'était, pour une commune qui n'est pas très riche, un événement important que le malheur arrivé au fermier, et bientôt les compagnons de travail de Leprieu en sont instruits et en causent entre eux. Le jeune homme connaît alors d'une manière certaine quel est le légitime propriétaire du trésor qu'il a trouvé ; il s'empresse de revenir au village, chargé de son fardeau, et il rend au pauvre fermier sa fortune et la vie.

Toute la fortune de cet honnête jeune homme consistait dans les 90 centimes qu'il gagnait par jour.

Cité par Th.-H. BARRAU.

(Morale Pratique) HACHETTE, éditeur.

———

DIX-HUITIÈME LECTURE (bis)

———

De la légèreté dans les jugements

Ne soyez point précipités dans vos jugements, n'écoutez point les calomnies, résistez même aux premières apparences, et ne vous empressez jamais de condamner. Songez qu'il y a des choses vraisemblables sans être vraies, comme il y en a de vraies qui ne sont pas vraisemblables.

Il faudrait dans les jugements particuliers imiter l'équité des jugements solennels. Jamais les juges ne décident sans avoir examiné, écouté et confronté les témoins avec les intéressés ; mais nous, sans mission, nous nous rendons les arbitres de la réputation : toute preuve suffit,

toute autorité paraît bonne, quand il faut condamner. Conseillés par la malignité naturelle,
nous croyons nous donner ce que nous ôtons
aux autres. De là viennent les haines et les
inimitiés : car tout se sait.

Mettez donc de l'équité dans vos jugements.
Cette même justice que vous ferez aux autres,
ils vous la rendront. Voulez-vous qu'on pense
et qu'on dise du bien de vous ? Ne dites jamais
de mal de personne.

Mme DE LAMBERT.

XIX

Respect des personnes dans leurs croyances et leurs opinions. La Tolérance.

Dans l'antiquité, au moyen âge, et même dans les temps modernes, la liberté de conscience a été méconnue. Tout le monde se souvient des funestes guerres de religion. L'Assemblée nationale constituante, s'inspirant des idées libérales des philosophes du XVIIIᵉ siècle, inscrivit dans nos lois la liberté de penser.

L'article X de la Déclaration des droits de l'homme est ainsi conçu :

« Nul ne doit être inquiété pour ses opinions, même religieuses, pourvu que leur manifestation ne trouble pas l'ordre public établi par la loi. »

Aujourd'hui chacun de nous est libre de pratiquer ou non telle ou telle religion et d'adopter les opinions qu'il préfère.

La tolérance consiste à respecter les idées religieuses et les opinions politiques du prochain.

Elle est le résultat d'une bonne éducation libérale.

MAXIME : *La tolérance est mère de la paix.*

(BOISTE)

DIX-NEUVIÈME LECTURE

Aux Délices, 5 de janvier 1759.

A M***

Il n'est pas moins nécessaire, mon très cher ami, de prêcher la tolérance chez vous que parmi nous. Vous ne sauriez justifier, ne vous en déplaise, les lois exclusives ou pénales des Anglais, des Danois, de la Suède, contre nous, sans autoriser nos lois contre vous. Elles sont toutes, je vous l'avoue, également absurdes, inhumaines, contraires à la bonne politique ; mais nous n'avons fait que vous imiter. Vous n'êtes pas plus sages que nous, convenez-en, mon cher philosophe, et avouez en même temps que les opinions ont plus causé de maux sur ce petit globe que la peste ou les tremblements de terre. Et vous ne voulez pas qu'on attaque, à forces réunies, ces opinions ! N'est-ce pas faire un bien au monde que de renverser le trône de la superstition, qui arma dans tous les temps des hommes furieux les uns contre les autres ? Adorer Dieu ; laisser à chacun la liberté de le servir selon ses idées ; aimer ses semblables, les éclairer si l'on peut, les plaindre s'ils sont dans l'erreur ; ne prêter aucune importance à des questions qui n'auraient jamais causé de troubles si l'on n'y avait attaché aucune gravité : voilà ma religion, qui vaut mieux que tous vos systèmes et tous vos symboles.

VOLTAIRE.

DIX-NEUVIÈME LECTURE (bis)

Révocation de l'Édit de Nantes

Les provinces furent remplies de dragons qui vécurent à la discrétion chez les huguenots de toutes les conditions et qui joignirent les tourments corporels à la ruine, dont beaucoup moururent entre les mains de ces bourreaux. La fuite était punie comme l'opiniâtreté dans l'hérésie et les galères furent remplies des plus honnêtes gens et des plus accommodés, comme les prisons de leurs femmes et de leurs filles.

Une infinité se rachota de la tyrannie par des abjurations simulées. Les dragons, qui les ruinaient et les tourmentaient hier, les menaient aujourd'hui à la messe où ils abjuraient, se confessaient et communiaient tout de suite, sans remettre, le plus souvent au lendemain. La plupart des évêques se prêtèrent à cette abomination, où les intendants de province présidaient. C'était à qui se signalerait le plus. Le roi recevait à tous moments des listes d'abjurations et de communions par milliers, de tous les endroits des divers diocèses ; il nageait dans ces millions de sacrilèges, comme étant l'effet de sa piété et de son autorité, sans que personne osât témoigner ce qu'on en pensait, et chacun au contraire se distinguant à l'envi en louanges, en applaudissements, en admiration, tandis que chacun était pénétré de douleur et de compassion et que les bons évêques gémissaient de tout leur cœur, de voir les orthodoxes imiter contre les hérétiques ce que les tyrans païens et hérétiques avaient fait contre la vérité, les confesseurs et les martyrs ; ils pleuraient amèrement cette immensité de sacrilèges et de parjures, et tous les bons catholiques avec eux ne pouvaient se consoler de l'odieux durable et irrémédiable que de si détestables moyens répandaient sur la religion. Le roi se croyait un apôtre. Il s'imaginait ramener les temps apostoliques, où le baptême se donnait à des milliers à la fois, et cette ivresse, soutenue par des éloges sans fin en prose et en vers, en harangues et en toutes sortes de pièces d'éloquence, lui tint les yeux hermétiquement fermés sur l'Évangile et sur l'incomparable différence de sa manière de prêcher et de convertir d'avec celle de Jésus-Christ et de ses apôtres.

Cependant le temps vint qu'il ne put ne pas voir et sentir les suites funestes de tant d'horreurs. La Révocation de l'Edit de Nantes, sans le plus léger prétexte et sans aucun besoin, immédiatement suivie des proscriptions, des supplices, des galères, sans aucune distinction d'âge ni d'état, le long pillage des dragons autorisé partout, déchira les familles, arma parents contre parents pour avoir leur bien et les laisser mourir de faim, dépeupla le royaume, et transporta nos manufactures et presque tout notre

commerce chez nos voisins et plus loin encore,
fit refleurir leurs États aux dépens du nôtre,
remplit leur pays de nouvelles villes et d'autres
habitations, et donna à toute l'Europe l'effrayant
spectacle d'un peuple si prodigieux, proscrit,
fugitif, nu, errant sans aucun crime, cherchant
un asile loin de sa patrie.

SAINT-SIMON

XX

La Fraternité sociale.
Insuffisance morale et sociale de la stricte justice.

Nous avons vu que la justice nous ordonne de ne pas nuire au prochain. Toutefois celui qui ne pense qu'à lui-même est un égoïste, ne ferait-il de mal à personne.

Tous les hommes ont même origine, même nature et même fin ; ils doivent donc se considérer comme frères. Il faut s'entr'aider et se secourir mutuellement. Les hasards de la naissance, les infirmités, les accidents de la vie, réduisent beaucoup de gens à la misère ; l'assistance publique est impuissante à secourir tous les malheureux : nous devons leur venir en aide selon leurs besoins et selon nos moyens. Nous pouvons aussi rendre service à nos semblables, par de bons conseils et de bons exemples.

C'est par la charité jointe à la justice que nous accomplirons véritablement tous nos devoirs sociaux.

Aimons donc notre prochain comme nous mêmes et faisons-lui tout le bien que nous pouvons. N'oublions jamais que le but de la vie c'est le bien.

MAXIME : *Le plaisir le plus délicat est de faire celui d'autrui*

(LA BRUYÈRE).

VINGTIÈME LECTURE

Riches et Pauvres fraternisant.

« Nous avons été avec les enfants faire une longue promenade jusqu'au sommet le plus élevé des montagnes qui séparent notre profonde vallée de la grande vallée de la Saône. Mon mari était à pied avec son garde, les enfants et moi nous étions sur des ânes conduits par de petits garçons. Le vieux marguillier, qui possède les ânes et qui connaît les sentiers, nous dirigeait tous. Il nous fallut trois heures pour arriver à la dernière crête, bien qu'en la regardant de ma fenêtre je crusse y monter aisément en une demi-heure.

« Nous avons passé tout le jour avec les enfants, en marchant ou assis sur l'herbe, à contempler la merveilleuse vue qu'on a de ces hauteurs : le Mâconnais avec ses collines blanches de villages d'où le son lointain des cloches montait à midi jusqu'à nous ; la Bresse avec ses prairies sans fin, semblable à la Hollande ; enfin le Mont Blanc qui paraît tour à tour, selon l'heure et le soleil, blanc, rose, violet, comme un coin de fer qui blanchit, rougit, se colore et se décolore au feu du forgeron.

« Nous avons dîné ensemble, maîtres et paysans, sur l'herbe. Après le dîner, nous sommes remontés sur nos ânes, pour revenir par un autre sentier qui suit entre des noisetiers sauvages le faîte de la montagne.

« Le sabot des ânes sur le rocher, les cris des enfants, le sifflement des merles qui s'envolaient, les coups de fusil de mon mari et du garde qui tiraient sur des volées de perdrix rouges, faisaient un grand bruit devant notre caravane : on aurait pu croire que c'était une bande de maraudeurs qui parcourait la montagne. Il y avait de quoi épouvanter les petits bergers qui gardent leurs chèvres et leurs moutons sur les lisières des noisetiers que nous traversions. C'est ce qui arriva. Nous aperçûmes bientôt, dans une clairière nue, au-dessus du sentier, de petits troupeaux de brebis et de chèvres sans berger sous la garde de deux chiens noirs qui aboyaient avec effroi contre nous. Un peu plus loin, nous vîmes les cendres d'un petit feu entre deux grosses pierres au milieu du sentier. Le feu était éteint, mais il y avait à côté deux paires de petits sabots de bois comme en portent les enfants du pays. Nous comprîmes que ces enfants, gardiens des brebis de leur chaumière, n'étaient pas bien loin ; nous supposâmes, ce qui se trouva vrai, qu'effrayés par le bruit inusité des voix et des coups de fusil sous les noisetiers, ils s'étaient enfuis et cachés dans les bruyères, sans avoir le temps de chausser leurs petits pieds nus. L'idée me vint de leur faire une surprise qui parut charmante à mes petites filles. Nous fîmes halte auprès des cendres du

petit foyer éteint ; mon mari plaça une pièce
d'argent de douze sols dans chacun des quatre
petits sabots ; mes filles y ajoutèrent une poignée
de dragées qu'elles avaient emportées pour leur
goûter. Puis nous repartîmes en nous entre-
tenant de la surprise et de la joie des petits
bergers fugitifs, quand, longtemps après que
nous aurions passé, ils se rassureraient assez,
en n'entendant plus rien, pour revenir à leur
poste et pour y reprendre leurs sabots. Ils
croiraient sans doute que les fées, qui passent
dans le pays pour hanter cette partie de la
montagne, qu'on appelle la Fa ou la Fée, leur
avaient fait ce don en passant dans la brume du
soir qu'elles habitent. La descente par les ravins
creux et sonores retentissait des éclats de rire
de nos enfants en pensant à la peur des petits
bergers, à leur étonnement, et puis à leur
ravissement et à tout ce qu'ils raconteraient le
soir à leur mère.

« Ce que nous avions prévu arriva. Les petits
bergers, en retrouvant leurs sabots pleins de
sucreries et de pièces de douze sols, s'y trompèrent et crurent à l'intervention des fées. Mais
leur mère et leur père ne s'y trompèrent pas,
et, avec une délicatesse de procédés qu'on trouve
souvent dans les gens de la campagne, ils nous
rendirent surprise pour surprise, afin de nous
montrer qu'ils étaient sensibles à notre bonté.

« Le domestique, en ouvrant le lendemain
matin la porte de la maison qui donne sur une
cour sans clôture, trouva sur le seuil en dehors

quatre petits paniers de jonc tous remplis de noisettes, de fromages de chèvre et de petits pains de beurre façonnés en forme de sabots. Les enfants, qui avaient déposé là leur présent, s'étaient sauvés en nous rendant énigme pour énigme, mystère pour mystère, offrande pour offrande. La délicatesse anonyme de ce petit présent nous a enchantés ; nous ne saurons vraisemblablement jamais à quelle chaumière appartiennent ces enfants, et de qui viennent ces remerciements timides comme une reconnaissance qui craint de se tromper d'objet, mais qui aime mieux se tromper que de manquer de retour.

« De tels échanges d'égards entre les paysans et ceux qu'ils appellent les riches, sont bien propres à former et à attendrir le cœur de nos enfants ».

LAMARTINE (*Manuscrit de ma mère*).

VINGTIÈME LECTURE (bis)

Soulageons ceux que nous voyons souffrir

L'action doit se prendre à quelque œuvre précise, et, jusqu'à un certain point, prochaine. Vouloir faire du bien, non pas au monde entier, mais à des hommes déterminés, soulager une misère actuelle, alléger quelqu'un d'un fardeau, d'une souffrance, voilà ce qui ne peut pas tromper ; on sait ce qu'on fait ; on sait que le but méritera ses efforts, non pas en ce sens que le résultat obtenu aura une importance considérable dans la masse des choses, mais en ce sens qu'il y aura à coup sûr un résultat, et un résultat bon, que votre action ne se perdra pas dans l'infini, comme une petite vapeur dans le bleu morne de l'éther. Faire disparaître une souffrance, c'est déjà une fin satisfaisante pour un être humain. On change par là d'un infinitième la somme totale de la douleur dans l'Univers. La pitié reste inhérente au cœur de l'homme et vibrant dans ses plus profonds instincts, alors même que la justice purement rationnelle et la charité universalisée semblent parfois perdre leurs fondements. Même dans le doute, vous pouvez aimer et secourir, vous devez tendre la main à celui qui pleure à vos pieds.

D'après GUYAU.
(Esquisse d'une morale) — ALCON, éditeur.

XXI

La Bonté,
le Dévoûment, le Désintéressement.

La bonté est un penchant naturel au bien. Celui qui pratique le bien est un homme bienfaisant. Soyez bons, mes amis, complaisants, doux et humains. La bonté a un grand charme : elle nous attire la sympathie des gens bien élevés.

Le dévoûment est la plus belle forme de la charité :

« C'est cette ardeur de sacrifice qui nous porte au secours d'autrui en nous amenant à nous oublier nous-mêmes » (¹).

On peut se dévouer pour sauver la vie à quelqu'un ou pour soigner des malades ou des vieillards malheureux, sans l'espoir d'une récompense.

Le désintéressement est une qualité par laquelle nous faisons le sacrifice de nos intérêts en vue d'être utiles au prochain. Être désintéressé c'est rendre service sans exiger un salaire.

PENSÉE : *Donner son temps, sa peine, ses efforts, vaut mieux que donner son argent.*

J. GÉRARD.

(1) Mézières.

VINGT-UNIÈME LECTURE

DÉVOUEMENT DE DEUX SŒURS
Sabine et Agathe Grégis
à Biffontaine (Vosges)

Sabine, née en 1836, privée de son père dès son jeune âge, apprit le métier de couturière, et, par son travail, elle aida ses sœurs et sa mère à payer les dettes contractées par suite de la longue maladie de son père ; puis à l'âge de trente-cinq ans, elle entra en service pour amasser de quoi soigner sa mère, morte entre ses bras, à l'âge de quatre-vingt-quatre ans. Elle se retira alors dans le village de Biffontaine, où sa sœur, Marie-Agathe, âgée de soixante-dix ans, habite comme gouvernante, chez le curé de la paroisse.

Une maison, destinée à une bonne œuvre, fut mise à sa disposition ; elle y recueillit des enfants ; ce fut le commencement de l'orphelinat, qui donne à peu près gratuitement l'instruction et l'éducation. On y reçoit les jeunes filles pauvres et abandonnées de la commune et des pays voisins, ainsi que les personnes âgées ou estropiées.

Depuis 1886 ces deux pauvres domestiques ont sacrifié pour cette œuvre tout ce qu'elles avaient gagné. A l'aide de deux compagnes,

Sabine donne actuellement les soins nécessaires
à une vingtaine d'orphelines et à huit personnes
âgées et infirmes, dont l'une à quatre-vingt-dix
ans.

L'Académie française informée des sacrifices
et du dévoûment de ces deux sœurs, en faveur
des malheureux, leur a décerné un prix de vertu
de mille francs en 1897.

(*Discours sur les prix de vertu, 1897*)

JULES CLARETIE.

VINGT-UNIÈME LECTURE (bis)

LA ROCHEFOUCAULD-LIANCOURT

(1747-1827)

Le duc de la Rochefoucault-Liancourt voua
son existence entière à l'exercice de la philan-
thropie. Raconter sa vie serait faire l'histoire
de toutes les institutions qui ont pour but de
prolonger les jours de l'homme, de prévenir
ses besoins, de soulager ses infirmités, d'augmenter son bien-être, et de le rendre meilleur
en épurant sa moralité. C'est lui qui introduisit
en France la vaccine, et il travailla à sa propa-
gation avec un zèle qui donna à cette utile décou-
verte la force de triompher de tous les préjugés

et qui suffirait pour le faire placer au nombre des bienfaiteurs de l'humanité.

Il obtint aussi, à force de zèle et de dévoûment, la réforme des prisons, l'amélioration du régime des hôpitaux, et l'établissement des dispensaires.

Il introduisit dans sa terre de Liancourt les perfectionnements de l'agriculture anglaise, et y établit des fabriques de coton qui ont servi de modèle à toutes celles qui ont été ensuite créées en France.

Sa maxime favorite était que la meilleure aumône à faire au pauvre, c'est de lui donner de l'ouvrage. Dans cette vue, il avait fondé à Liancourt une école des arts et métiers. Cette école, qu'il entretint à ses frais pendant vingt-cinq ans, acquit tant d'importance, que, bien qu'elle fût l'œuvre d'un simple particulier, elle s'était élevée au rang d'une institution nationale, et que Napoléon crut devoir l'adopter au nom du pays. Elle fut transportée à Châlons, où elle subsiste encore. C'est sur le modèle de cette école qu'ont été fondées plus tard celles d'Angers, d'Aix et de Cluny.

La bienfaisance de cet homme illustre était inépuisable. Il ne se bornait pas à aider de ses conseils, il assistait de ses avances, il soutenait de son appui ; quand il le fallait, il agissait de sa personne, et il apportait à suivre ses projets et ceux des autres une ardeur qui ne reculait ni devant les fatigues ni devant les obstacles. Toutes ses veilles étaient consacrées à l'étude, et sa plume élégante s'occupait sans cesse à populariser des vérités utiles.

Sa vieillesse fut tranquille et vénérée. Il lui fut donné de voir prospérer tout ce qu'il avait créé : tous les grains qu'il avait semés dans sa jeunesse avaient porté leurs fruits au centuple.

Cité par Th.-H. BARRAU.

(Morale pratique) — HACHETTE, éditeur.

XXII

Les Convenances et la Politesse

Pour être un homme accompli, l'instruction ne suffit point : il faut y joindre une bonne éducation.

La politesse consiste dans le respect délicat des personnes ; elle se manifeste par une manière gracieuse de parler à autrui, par des actes de déférence à son égard. Elle varie suivant les coutumes des nations ; mais nulle part il n'est permis d'être grossier. Partout l'homme poli a de la douceur et de la prévenance ; il n'est ni gauche ni embarrassé.

Le meilleur moyen de devenir convenable et poli c'est de fréquenter des gens bien élevés. La vraie politesse tient à la bonté du cœur.

Voltaire a écrit :

« La politesse est à l'esprit
Ce que la grâce est au visage ;
De la bonté du cœur elle est la douce image,
Et c'est la bonté qu'on chérit... »

PENSÉE : *Un homme poli fait ornement dans une société ; un homme grossier y fait tache.*

(VIGÉE).

VINGT-DEUXIÈME LECTURE

LA POLITESSE

La politesse est un devoir de charité, et elle est aussi un devoir de justice, car elle n'est que le témoignage extérieur du respect que les hommes se doivent mutuellement, et du sentiment qu'ils ont de leur dignité.

Je ne parle pas de cette politesse qui règle la manière de saluer, la manière de se tenir debout ou assis, la manière d'entrer en conversation. Je parle de cette politesse naturelle, de cette politesse du cœur qui est faite de bienveillance et qui n'est que l'habitude de montrer, par notre manière d'être, nos bonnes dispositions à l'égard de nos semblables.

Cette politesse-là, mes enfants, est le devoir de tous les hommes; mais elle est plus encore le devoir des citoyens d'un pays libre. Elle est la forme la plus simple et la plus facile du devoir civique.

D'après M. J. GÉRARD.
(*Maximes morales de l'écolier français*)
GEDALGE, éditeur.

VINGT-DEUXIÈME LECTURE (bis)

L'ESPRIT DE POLITESSE

Avec de la vertu, de la capacité et une bonne conduite, l'on peut être insupportable. Les manières, que l'on néglige comme de petites choses, sont souvent ce qui fait que les hommes décident de vous en bien ou en mal ; une légère attention à les avoir douces et polies prévient leurs mauvais jugements. Il ne faut presque rien pour être cru fier, incivil, méprisant, désobligeant ; il faut encore moins pour être estimé tout le contraire. La politesse n'inspire pas toujours la bonté, l'équité, la complaisance, la gratitude ; elle en donne du moins les apparences et fait paraître l'homme en dehors, comme il devrait être intérieurement.

L'on peut définir l'esprit de politesse ; l'on ne peut en fixer la pratique : elle suit l'usage et les coutumes reçues ; elle est attachée aux temps, aux lieux, aux personnes, et n'est point la même dans les deux sexes ni dans les différentes conditions : l'esprit tout seul ne la fait pas deviner ; il fait qu'on la suit par imitation, et que l'on s'y perfectionne. Il y a des tempéraments qui ne sont susceptibles que de la politesse, et il y en a d'autres qui ne servent qu'aux grands talents ou à une vertu solide. Il est vrai

que les manières polies donnent cours au mérite et le rendent agréable, et qu'il faut avoir
de bien éminentes qualités pour se soutenir
sans la politesse.

Il me semble que l'esprit de politesse est une
certaine attention à faire que, par nos paroles
et par nos manières, les autres soient contents
de nous et d'eux-mêmes.

La Bruyère.

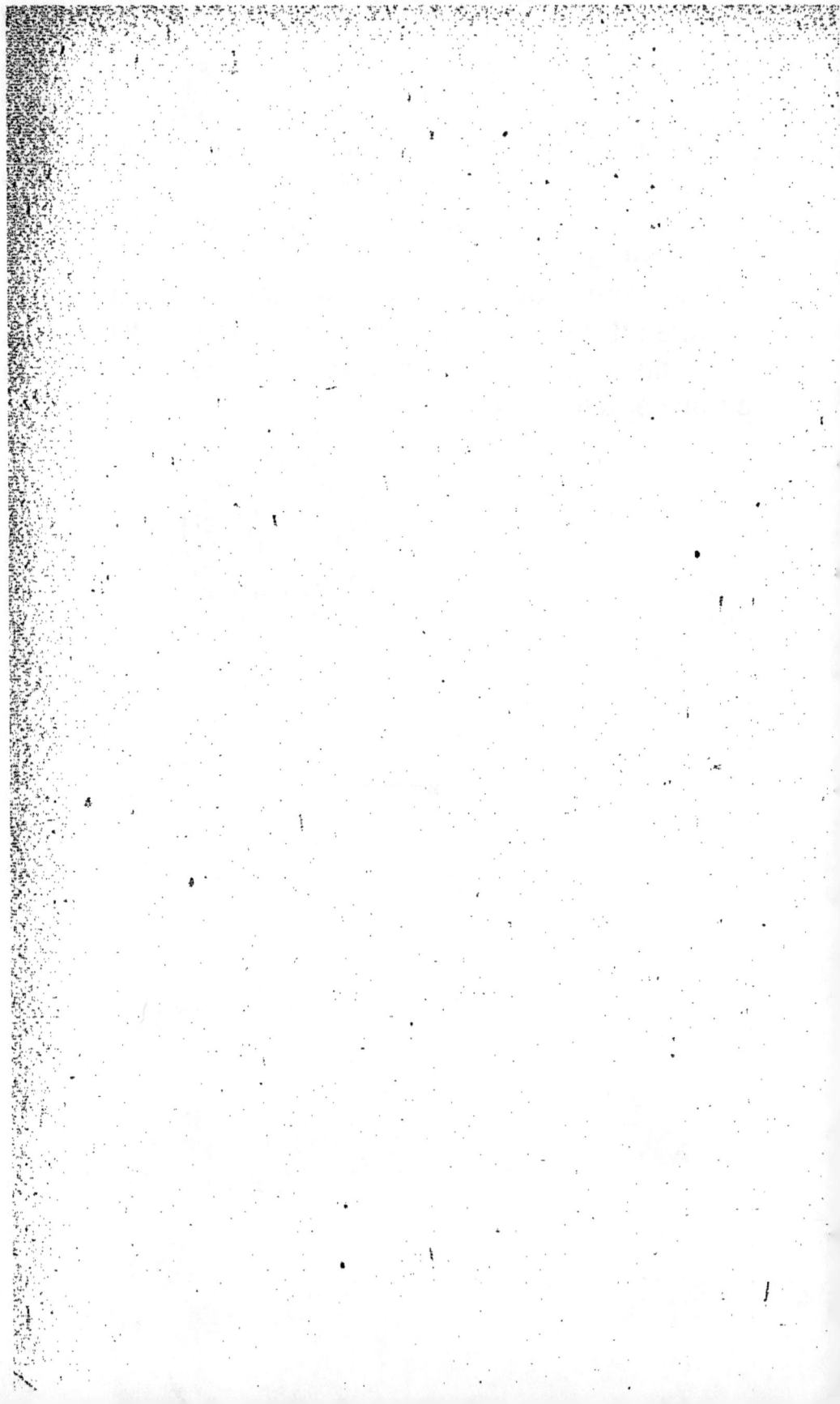

CHAPITRE VI

XXIII

Devoirs envers les Animaux. Loi Grammont.

Les animaux sentent et souffrent comme nous ; il est donc cruel de les maltraiter ; il est permis de tuer les animaux nuisibles qui menacent notre vie, notre santé ou nos récoltes ; mais il est de notre devoir de protéger ceux qui sont bons. Nous avons d'ailleurs tout intérêt à bien soigner les animaux domestiques qui nous rendent des services.

Des gens qui ont mauvais cœur maltraitent les animaux utiles avec acharnement : c'est une lâcheté et une ingratitude. En vue de protéger ces pauvres bêtes la loi Grammont a été votée le 2 juillet 1850 :

« Seront punis d'une amende de 5 à 15 francs et peuvent l'être de 1 à 5 jours de prison, ceux qui auront exercé publiquement et abusivement de mauvais traitements envers les animaux domestiques. La peine de la prison sera toujours applicable aux cas de récidive. »

La « Société protectrice des animaux » défend les bêtes contre la brutalité des hommes.

PENSÉE : *Quand un individu est méchant pour les bêtes, il ne saurait être homme de bien.*

(SCHOPENHAUER)

VINGT·TROISIÈME LECTURE

Le Chien d'Aubry de Mont-Didier

Sous le règne de Charles V, roi de France, un homme, Aubry de Mont·Didier, passant seul dans la forêt de Bondy, fut assassiné et enterré au pied d'un arbre. Son chien resta plusieurs jours sur sa fosse, et ne la quitta que pressé par la faim ; il vint à Paris chez un ami intime de son malheureux maître, et, par ses tristes hurlements, semblait lui annoncer la perte qu'il a faite. Après avoir mangé, il recommence ses cris, va à la porte, tourne la tête pour voir si on le suit, revient à cet ami de son maître, le tire par l'habit, comme pour l'inviter à venir avec lui. La singularité des mouvements de ce chien, sa venue sans son maître qu'il ne quittait jamais, ce maître qui tout à coup a disparu, et, peut·être cette distribution de justice et d'évènements, qui ne permet guère que les crimes restent longtemps cachés, tout cela fit qu'on suivit ce chien. Dès qu'on fut au pied de l'arbre, il redoubla ses cris en grattant la terre, comme pour faire signe de chercher en cet endroit. On y fouilla, et on y trouva le corps de cet infortuné Aubry. Quelque temps après, ce chien aperçut par hasard l'assassin, que tous les historiens nomment le chevalier Macaire.; il lui saute à la gorge, et on a bien de la peine à lui faire lâcher prise ; chaque fois qu'il le rencontre, il l'attaque et le poursuit avec fureur : l'acharnement de ce chien qui n'en veut qu'à cet homme, commence à paraître extraordinaire. On se 'rappelle l'affection qu'il avait marquée pour son maitre, et en même temps plusieurs occasions où ce chevalier Macaire avait donné des preuves de sa haine et de son envie contre Aubry de Mont-Didier ; quelques circonstances augmentèrent les soupçons. Le roi, instruit de tous les discours qu'on tenait, fait venir ce chien, qui parait tranquille jusqu'au moment où, apercevant Macaire, au milieu d'une vingtaine d'autres courtisans, il aboie et cherche à se jeter sur lui.

Dans ce temps-là, on ordonnait le combat entre l'accusateur et l'accusé, lorsque les preuves du crime n'étaient pas convaincantes ; on appelait ces sortes de combats : Jugement de Dieu. Le roi, frappé de tous les indices qui se réunissaient contre Macaire, ordonna le duel entre le chevalier et le chien. Le champ clos fut marqué dans l'île de Notre-Dame, qui n'était alors qu'un terrain vide et inhabité.

Macaire était armé d'un gros bâton ; le chien avait un tonneau percé pour sa retraite et les relancements. On le lache ; aussitôt il court, tourne autour de son adversaire, évite ses coups, le menace, tantôt d'un côté, tantôt d'un autre, le fatigue, et enfin s'élance, le saisit à la gorge, et l'oblige à faire l'aveu de son crime en présence du roi et de toute sa cour.

La mémoire de ce chien a mérité d'être conservée à la postérité par un monument qui subsiste encore sur la cheminée de la grande salle du château de Montargis.

(Extrait de la morale en action).

VINGT-TROISIÈME LECTURE (bis)

LE LION RECONNAISSANT

Dans ses mémoires de l'Egypte, l'historien Apion (1er siècle) raconte le fait suivant dont il a été le témoin à Rome :

On donnait au peuple, dans le grand cirque, le spectacle d'un combat de bêtes dans le plus grand appareil ; comme je me trouvais à Rome, j'y courus. Les barrières levées, l'arène se couvre d'une foule d'animaux frémissants, monstres affreux, tous d'une hauteur et d'une férocité extraordinaires ; on vit surtout bondir des lions d'une grandeur prodigieuse, un seul fixa tous les regards : une taille énorme, des élancements vigoureux, des muscles enflés et raidis, une crinière flottante et hérissée, un mugissement sourd et terrible, faisaient frémir tous les rangs des spectateurs. Parmi les malheureux con-

damnés à disputer leur vie contre la rage de
ces animaux affamés, parut un certain Androclès, autrefois esclave d'un proconsul. Dès que
le lion l'aperçoit, dit l'écrivain, il s'arrête tout
à coup, frappé d'étonnement, et s'avance d'un
air adouci, comme s'il eut connu ce misérable ;
il l'approche en agitant la queue d'une manière
soumise, comme le chien qui cherche à flatter ;
il presse le corps de l'esclave à demi-mort de
frayeur, et lèche doucement ses pieds et ses
mains. Les caresses de l'horrible animal rap-
pellent Androclès à la vie ; ses yeux éteints
s'entrouvrent peu à peu ; ils rencontrent ceux
du lion. Alors, comme dans un renouvellement
de connaissance, vous eussiez vu l'homme et le
lion se donner les marques de la joie la plus
vive et du plus tendre attachement. Rome entière, à ce spectacle poussa des cris d'admiration, et César ayant demandé l'esclave : Pourquoi, lui dit-il, es-tu le seul que la fureur de ce
monstre ait épargné ?

— Daignez m'écouter, seigneur, dit Androclès ; voici mon aventure : Pendant que mon
maître gouvernait l'Afrique en qualité de proconsul, les traitements cruels et injustes que
j'en essuyais tous les jours me forcèrent enfin
de prendre la fuite ; et, pour échapper aux
poursuites d'un maître qui commandait en ce
pays, j'allais chercher une solitude inaccessible
parmi les sables et les déserts, résolu de me
donner la mort de quelque manière, si je ve-
nais à manquer de nourriture. Les ardeurs

intolérables du soleil me firent chercher un
asile : je trouvai un antre profond et ténébreux
je m'y cachai. A peine y étais-je entré, que je
vis arriver ce lion ; il s'appuyait douloureu-
sement sur une patte ensanglantée ; la violence
de ses tourments lui arrachait des rugissements
et des cris affreux. La vue du monstre, rentrant dans son repaire, me glaça d'abord d'horreur ; mais, dès qu'il m'eut aperçu, je le vis
s'avancer avec douceur : il approche, me présente sa patte, me montre sa blessure, et semble me demander du secours. J'arrachai une
grosse épine enfoncée entre ses griffes ; j'osai
même en presser la plaie, et en exprimer tout
le sang corrompu ; enfin, pleinement remis de
ma frayeur, je parvins à la purifier et à la des-
secher. Alors l'animal soulagé par mes soins,
et ne souffrant plus, se couche, met sa patte
entre mes mains et s'endort paisiblement.

Depuis ce jour nous avons continué à vivre
ensemble, pendant trois ans dans cette caverne.
Le lion s'était chargé de la nourriture ; il m'apportait exactement les meilleurs morceaux des
proies qu'il avait déchirées ; n'ayant point de
feu, je les faisais rôtir aux plus grandes ardeurs
du soleil. Cependant la société de cet animal et
ce genre de vie commençant à m'ennuyer, je
choisis l'instant où il était allé faire sa chasse ;
je m'éloignai de la caverne, et, après trois jours
de marche, je tombai entre les mains des soldats. Ramené d'Afrique à Rome, je parus devant mon maître, qui sur-le-champ me con-

damna à être dévoré ; et je pense que ce lion, qui sans doute fut pris aussi, me témoigne actuellement sa reconnaissance.

Tel est le discours qu'Apion met dans la bouche d'Androclès ; sur-le-champ on l'écrit, on en fait part au peuple, des cris redoublés obtinrent la vie de l'esclave, et lui firent donner le lion. On voyait Androclès, continue l'auteur, tenant son libérateur attaché à une simple courroie, marcher au milieu de Rome. Le peuple, enchanté, le couvrit de fleurs et de largesses, en s'écriant : Voilà le lion qui a donné l'hospitalité à un homme ; et voilà l'homme qui a guéri un lion.

D'après APION.

XXIV

Protection due aux petits oiseaux

Les petits oiseaux sont le charme de nos bois et la parure de nos campagnes ; ils rendent des services inappréciables aux agriculteurs et aux jardiniers en détruisant des quantités d'insectes nuisibles, contre lesquels l'homme resterait impuissant.

L'hirondelle happe des milliers de mouches dont elle se nourrit ;

Le pinson mange un grand nombre de vers et de larves ;

La bergeronnette nettoie nos ruisseaux et nos sillons ;

Les alouettes s'attaquent aux sauterelles, aux grillons et aux taupins des moissons ;

Le merle et la grive protègent la vigne contre les insectes qui la rongent ;

L'étourneau anéantit la vermine des troupeaux ;

Le coucou dévore les chenilles velues ;

La chouette, l'orfraie, le hibou se nourrissent de campagnols, de mulots et de loirs :

Nous ferons preuve de reconnaissance en les protégeant.

PENSÉE : *J'aime les petits oiseaux parcequ'ils sont aimables, et je les protège parcequ'ils sont utiles.*

DONNET.

VINGT-QUATRIÈME LECTURE

ÉPARGNEZ LES NIDS.

Soyez les protecteurs des petits oiseaux, de nos vaillants alliés ; défendez-les, si on les accuse. Surtout, épargnez les nids.

La loi, sage et humaine, défend de les ravir, ces nids ; elle punit l'écolier cruel qui va détruire ces utiles oiseaux, sans lesquels nos récoltes seraient dévastées par les insectes voraces. Le nid, c'est la maison de l'oiseau, son petit lit chaud et doux, le berceau de ses enfants, tout le bonheur, toute la vie de ces petits êtres. Vous n'imaginez pas quelle peine, quel désespoir pour le père et la mère quand on arrache leur nid, quand on prend leurs petits. Ne serait-ce pas plus gentil, dites, d'avoir dans vos champs, près de vos maisons, jusque dans le jardin de l'école, de jolis nids, une foule d'oiseaux libres, confiants et familiers ?

CH. DELON.

VINGT-QUATRIÈME LECTURE (bis)

Le sentiment de la charité chez les oiseaux

Le raisonnement des oiseaux, celui qui se rapporte à eux-mêmes ou à leur progéniture, se manifeste surtout quand il s'agit de la construction du nid, de son adaptation, de la protection et de l'éducation des jeunes ; on a même signalé des cas d'adoption entre espèces différentes : un rouge-gorge élevant une petite linotte abandonnée par ses parents, une femelle de perroquet gris donnant la becquée à de jeunes pinsons, puis à des fauvettes. On peut, à la rigueur, mettre ces actes sur le compte d'une déviation de l'instinct maternel, bien qu'une part d'intelligence y soit nécessaire ; mais quelle explication donnera-t-on d'un fait observé dernièrement dans la ménagerie du Jardin des Plantes et qui montre clairement que l'oiseau éprouve parfois un sentiment de compassion, de charité, très raisonné, qu'aucun de ses instincts ordinaires ne sauraient faire prévoir ?

Dans une cage étaient enfermées deux charmantes mésanges de Nankin. C'étaient deux femelles, vivant en bon accord, quoique sans intimité particulière. Vers la fin du mois de février, un cardinal gris, habitant la même volère, se prit de querelle avec une de ces mésanges, et, après lui avoir arraché bon nombre de plumes — le droit du plus fort est toujours le meilleur ! — il lui cassa la patte d'un coup de son bec puissant. La pauvre estropiée ne pouvait plus se tenir sur le perchoir, elle se traînait péniblement à terre, grelottant de froid sous sa peau dénudée. Sa compagne alors la prit en pitié et, chaque soir, elle descendait près de la blessée, elle apportait des brins de mousse et d'herbe pour lui en faire un lit et adoucir à ses membres souffrants le contact du sol ; puis elle se couchait tout près de la malade et, la couvrant de son aile, elle restait ainsi toute la nuit, malgré la gêne extrême d'une pareille position.

Pendant une semaine presque entière, elle ne manqua jamais à sa mission de charité, et, lorsqu'elle eut vu mourir son amie que tant de soins n'empêchèrent pas de succomber, elle devint triste, mangeait à peine, restait immobile dans un coin de sa cage et bientôt elle mourut à son tour.

Quel est l'instinct qui peut conduire un petit oiseau à accomplir de pareils actes ? Il n'y en a pas, et, là, tout est sentiment et raisonnement.

A. Milne-Edwards.
(Extrait de *l'ami des bêtes*, année 1899).

CHAPITRE VII
LA PATRIE ET LA NATION

XXV
Ce que c'est que la Patrie — Solidarité des Générations.

Le mot patrie vient du latin *terra patria*, la terre paternelle. La Patrie est constituée par la terre qui nous a donné naissance et par l'ensemble de nos concitoyens. Elle est formée par des groupes de familles vivant sous la protection des mêmes lois, parlant la même langue, jouissant des mêmes droits, et accomplissant les mêmes devoirs civiques.

Le mot nation désigne plus particulièrement les habitants.

Les générations qui nous ont précédés ont combattu pour leur liberté ; elles ont souffert et nous ont laissé une France libre et respectée ; à notre tour nous devons la servir et la rendre encore plus florissante : c'est là un devoir de solidarité nationale.

Tout citoyen doit connaître l'histoire et la géographie de son pays et les grands hommes qui l'ont honoré.

MAXIME : *A tous les cœurs bien nés, que la patrie est chère !*

(VOLTAIRE).

VINGT-CINQUIÈME LECTURE

SOUVENIR DE LA TERRE NATALE

Le Général Martin

(Mort en 1800)

Claude Martin, né à Lyon en 1732, était fils d'un tonnelier ; mais ayant reçu une excellente éducation, il se sentit tourmenté, à l'âge de dix-sept ans, d'un ardent désir de chercher sur les terres lointaines la gloire et la fortune, qu'il n'espérait pas trouver dans son pays natal.

Ses parents résistèrent longtemps à son désir.

Le jeune homme se croyait appelé à un avenir brillant ; sans cesse il entretenait ses parents de ses rêves magnifiques, et les suppliait de lui permettre de les réaliser.

Enfin, à force de prières et de larmes, il obtint leur agrément pour partir. Sa mère, à demi persuadée par ses paroles brûlantes, lui dit en souriant, pour cacher sa douleur : « Allons, je le vois bien, tu ne reviendras à Lyon qu'en carrosse à six chevaux. »

Martin ne revint pas à Lyon : ses devoirs d'abord, et sa santé ensuite, ne lui permirent pas de revoir sa ville natale ; mais elle fut toujours présente à sa pensée et chère à son cœur.

Martin alla chercher la fortune et la gloire

sur les bords du Gange ; il y trouva l'une et l'autre. A force d'activité, d'habileté, de courage, il devint général, et acquit, par des moyens honorables, d'immenses richesses.

Ses parents, grâce à lui, terminèrent leurs jours dans l'opulence.

Quand il mourut, il laissa à la ville de Lyon de magnifiques témoignages de son amour pour sa Patrie.

Parmi un grand nombre de legs qu'il a faits à cette ville, le plus remarquable est celui d'une somme de deux millions, qui ont été consacrés, d'après ses ordres, à la fondation d'une école qu'on appelle de son nom, La Martinière. Cette école est destinée à donner aux enfants des artisans de Lyon, classe à laquelle le général Martin s'est toujours honoré d'appartenir, une instruction moins brillante que celle qu'il avait lui-même reçue, mais solide, et suffisante pour assurer aux travailleurs un avenir modeste, mais assuré. Cette école établie depuis quarante ans, est en pleine prospérité.

Cité par Th.-H. BARRAU.

(Morale pratique) — HACHETTE, éditeur.

VINGT-CINQUIÈME LECTURE (bis)

Le Connétable de Bourbon et Bayard

Il n'est jamais permis de prendre les armes contre sa Patrie.

BOURBON. — N'est-ce point le pauvre Bayard que je vois au pied de cet arbre, étendu sur l'herbe et percé d'un grand coup ? Oui, c'est lui-même, hélas ! je le plains. En voilà deux qui périssent aujourd'hui par nos armes, Vandenesse et lui. Ces deux français étaient deux ornements de leur nation par leur courage. Je sens que mon cœur est encore touché pour sa patrie. Mais avançons pour lui parler. Ah ! mon pauvre Bayard, c'est avec douleur que je te vois en cet état !

BAYARD. — C'est avec douleur que je vous vois aussi.

BOURBON. — Je comprends bien que tu es fâché de te voir dans mes mains par le sort de la guerre. Mais je ne veux point te traiter en prisonnier ; je te veux garder comme un bon ami, et prendre soin de ta guérison comme si tu étais mon propre frère : ainsi, tu ne dois pas être fâché de me voir.

BAYARD. — Hé ! croyez-vous que je ne sois pas fâché, d'avoir obligation au plus grand ennemi de la France ? ce n'est point de ma captivité ni de ma blessure dont je suis en peine. Je meurs : dans un moment la mort va me délivrer de vos mains.

BOURBON. — Non, mon cher Bayard, j'espère que nos soins réussiront pour te guérir.

BAYARD. — Ce n'est point là ce que je cherche, et je suis content de mourir.

BOURBON. — Qu'as-tu donc ? Est-ce que tu ne saurais te consoler d'avoir été vaincu et fait prisonnier dans la retraite de Bonnivet ? ce n'est pas ta faute ; c'est la sienne : les armes sont journalières. Ta gloire est assez bien établie par tant de belles actions. Les Impériaux ne pourront jamais oublier cette vigoureuse défense de Mézières contre eux.

BAYARD. — Pour moi, je ne puis jamais oublier que vous êtes ce grand connétable, ce prince du plus noble sang qu'il y ait dans le monde et qui travaille à déchirer de ses propres mains sa patrie et le royaume de ses ancêtres.

BOURBON. — Quoi ! Bayard, je te loue, et tu me condamnes ! je te plains, et tu m'insultes !

BAYARD. — Si vous me plaignez, je vous plains aussi ; et je vous trouve bien plus à plaindre que moi. Je sors de la vie sans tache : j'ai sacrifié la mienne à mon devoir ; je meurs pour mon pays, pour mon roi, estimé des ennemis de la France et regretté de tous les bons Français. Mon état est digne d'envie.

BOURBON. — Et moi, je suis victorieux d'un ennemi qui m'a outragé ; je me venge de lui ; je le chasse du Milanais ; je fais sentir à toute la France combien elle est malheureuse de m'avoir perdu en me poussant à bout : appelles-tu cela être à plaindre ?

BAYARD. — Oui, on est toujours à plaindre quand on agit contre son devoir ; il vaut mieux périr en combattant pour la patrie que la vaincre et triompher d'elle. Ah ! quelle horrible gloire que celle de détruire son propre pays !

BOURBON. — Mais ma patrie a été ingrate après tant de services que je lui avais rendus. Madame m'a fait traiter indignement par un dépit d'amour. Le roi par faiblesse pour elle m'a fait une injustice énorme, en me dépouillant de mon bien. On a détaché de moi jusqu'à mes domestiques, Matignon et d'Argouges. J'ai été contraint, pour sauver ma vie, de m'enfuir presque seul ; que voulais-tu que je fisse ?

BAYARD. — Que vous souffrissiez toutes sortes de maux plutôt que de manquer à la France et à la grandeur de votre maison. Si la persécution était trop violente, vous pouviez vous retirer ; mais il valait mieux être pauvre, obscur, inutile à tout, que de prendre les armes contre nous. Votre gloire eut été au comble dans la pauvreté et le plus misérable exil.

BOURBON. — Mais ne vois-tu pas que la vengeance s'est jointe à l'ambition pour me jeter dans cette extrémité ? j'ai voulu que le roi se repentit de m'avoir traité si mal.

BAYARD. — Il fallait l'en faire repentir par une patience à toute épreuve, qui n'est pas moins la vertu d'un héros que le courage.

BOURBON. — Mais le roi, étant si injuste et
si aveuglé par sa mère, méritait-il que j'eusse
de si grands égards pour lui ?

BAYARD. — Si le roi ne le méritait p. s, la
France entière le méritait. La dignité même de
la couronne, dont vous êtes un des héritiers,
le méritait. Vous vous deviez à vous-même
d'épargner la France, dont vous pouvez être
un jour roi.

BOURBON. — Hé bien ! j'ai tort, je l'avoue ;
mais ne sais-tu pas combien les meilleurs cœurs
ont de peine à résister à leur ressentiment ?

BAYARD. — Je le sais bien ; mais le vrai
courage consiste à y résister. Si vous connaissez
votre faute, hâtez-vous de la réparer. Pour moi,
je meurs ; et je vous trouve plus à plaindre dans
vos prospérités que moi dans mes souffrances.
Quand l'Empereur ne vous tromperait pas,
quand même il vous donnerait sa sœur en
mariage et qu'il partagerait la France avec vous,
il n'effacerait point la tache qui déshonore votre
vie. Le connétable de Bourbon rebelle ! ah !
quelle honte !

Ecoutez Bayard mourant comme il a vécu,
et ne cessant de dire la vérité.

FÉNELON.

XXVI

L'Esprit national.
La Défense de la Patrie.

———

L'esprit national, c'est l'entente, l'union sincère des citoyens en vue de la prospérité et de la grandeur de la Patrie. Nous devons aimer notre patrie, car c'est à elle que nous devons ce que nous sommes. Les gouvernants ne doivent pas chercher à l'agrandir aux dépens d'autres nations. Les éléments propres à faire naître et à entretenir l'esprit national sont nombreux : c'est la communauté de race, de langue, de territoire et de traditions ; c'est encore la communauté de mœurs et d'intérêts ; et surtout la communauté de sentiments et de volonté.

Nous devons nous préparer à défendre notre Patrie contre les agressions injustes. Autrefois la force et le courage seuls pouvaient faire un bon soldat ; il faut y joindre aujourd'hui une sérieuse instruction. Plus les citoyens seront instruits plus ils seront capables de bien servir leur pays et de lui faire honneur.

MAXIME : *Qui connaît bien son pays l'aime davantage et le défend mieux.*

(JULES FERRY).

VINGT-SIXIÈME LECTURE

Dévoûment patriotique d'un enfant
BARRA

Parmi les belles actions qui se sont passées dans la Vendée, et qui ont honoré la guerre de la liberté contre la tyrannie, la nation entière doit distinguer celle d'un jeune homme dont la mère a déjà occupé la Convention.

Je veux parler de Barra ; ce jeune homme, âgé de treize ans, a fait des prodiges de valeur dans la Vendée. Entouré d'ennemis qui d'un côté lui présentaient la mort, et, de l'autre lui demandaient de crier : Vive le Roi ! Il est mort en criant : Vive la République! Ce jeune enfant nourrissait sa mère avec sa paie ; il partageait les soins entre l'amour filial et l'amour de la Patrie. Il n'est pas possible de choisir un plus bel exemple, un plus parfait modèle pour exciter dans les jeunes cœurs l'amour de la gloire, de la Patrie et de la vertu, et pour préparer les prodiges qu'opèrera la génération naissante. En décernant les honneurs au jeune Barra, vous les décernez à toutes les vertus, à l'héroïsme, au courage, à l'amour filial, à l'amour de la Patrie.

Les Français seuls ont des héros de treize ans ; c'est la liberté qui produit des hommes d'un si grand caractère. Vous devez présenter ce modèle de magnanimité, de morale, à tous les Français et à tous les peuples : aux Français, afin qu'ils ambitionnent d'acquérir de semblables vertus et qu'ils attachent un grand prix au titre de citoyen français ; aux autres peuples, afin qu'ils désespèrent de soumettre un peuple qui compte des héros dans un âge si tendre.

Je demande que les honneurs du Panthéon soient décernés à Barra, que cette fête soit promptement célébrée et avec une pompe analogue à son objet et digne du héros à qui nous la destinons. Je demande que le génie des arts caractérise dignement cette cérémonie qui doit présenter toutes les vertus, que David soit spécialement chargé de prêter ses talents à l'embellissement de cette fête.

(Robespierre à la Convention nationale).

VINGT-SIXIÈME LECTURE (bis)

UN PATRIOTE

Au mois de septembre 1870, peu de jours après l'investissement de Paris, un régiment de Prussiens prit possession de la commune de Bougival. Son premier soin fut d'établir un télégraphe qui reliait ce village à Versailles, où se trouvait l'état-major. Le lendemain, le fil était coupé ;

on le rétablit de nouveau ; il fut coupé ; ainsi de suite, à cinq reprises différentes. Un jardinier de l'endroit, nommé François Debergue, soupçonné, fut traduit devant une commission militaire et interrogé. Il avoua que c'était lui qui avait coupé le fil télégraphique et déclara fièrement qu'il recommencerait. « Et pourquoi ? lui demanda l'officier prussien qui présidait la commission.

— Parce que je suis Français, répondit-il, parce que vous êtes les ennemis de ma Patrie et que mon devoir est de vous faire tout le mal possible. » On lui offrit la vie, s'il s'engageait à ne pas recommencer. Il s'y refusa fièrement.

On le condamna à mort, et le même jour il fut exécuté avec deux de ses concitoyens qui, comme lui, avaient lutté contre l'envahisseur.

Chaque année, la commune de Bougival célèbre l'anniversaire de la mort de ces trois braves.

(D'après plusieurs historiens).

XXVII

L'Armée, le Service obligatoire, la Discipline militaire, la Bravoure.

L'Etat, pour la tranquillité intérieure du pays et pour la garantie de l'indépendance du territoire, a besoin d'une armée permanente, nationale et sérieusement organisée ; c'est pourquoi la loi du 15 juillet 1889 a établi le service militaire obligatoire pour tous les hommes valides de vingt à quarante-cinq ans. Un soldat doit à ses chefs une obéissance absolue ; cette soumission aux supérieurs et aux règlements militaires s'appelle la discipline militaire qui contribue à la force des armées.

Dans la vie ordinaire ou civile, des hommes courageux peuvent sauver la vie de leurs semblables ; sur les champs de bataille, les braves ont maintes occasions de se dévouer pour la Patrie ou pour leurs frères d'armes. Souvenons-nous de Bayard, du chevalier d'Assas, du général Dumas, de Marco-Botzaris, de François Debergue, etc.

MAXIME : *Passant, va dire à Sparte que nous sommes morts ici, pour obéir à ses lois.*

(LÉONIDAS).

VINGT-SEPTIÈME LECTURE

TU SERAS SOLDAT

Toi qui de si leste façon
Mets ton fusil de bois en joue,
Un jour tu feras tout de bon
Ce dur métier que l'enfant joue.

Il faudra courir sac au dos,
Porter plus lourd que ces gros livres,
Faire étape avec des fardeaux,
Cent cartouches, trois jours de vivres.

Soleils d'été, brises d'hiver
Mordront sur cette peau vermeille ;
Les balles de plomb et de fer
Te siffleront à chaque oreille.

Tu seras soldat, cher petit !
Tu sais, mon enfant, si je t'aime !
Mais ton père t'en avertit,
C'est lui qui t'armera lui-même.

Quand le tambour battra demain,
Que ton âme soit aguerrie ;
Car j'irai t'offrir de ma main
A notre mère, la Patrie !

Tu vis dans toutes les douceurs,
Tu connais les amours sincères,
Tu chéris tendrement tes sœurs,
Ton père et ta mère, et tes frères.

Soit fils et frère jusqu'au bout,
Soit ma joie et mon espérance ;
Mais souviens-toi bien qu'avant tout,
Mon fils, il faut aimer la France !

V. DE LAPRADE.

VINGT-SEPTIÈME LECTURE (bis)

LA BRAVOURE

Au siège de Charbonnière, Aiguebelle (Savoie), Crillon commandait l'infanterie, et Sully, récemment nommé grand maître de l'artillerie, foudroyait la place. Crillon qui poussait la bravoure jusqu'à la témérité, apercevant Sully qui tâchait de reconnaître un ravelin, s'avança vers lui, et voyant qu'importuné par le feu des ennemis, Sully allait se retirer et attendre le déclin du jour pour achever de faire ses observations, il l'arrêta, et lui dit d'un air ironique : « Quoi, Monsieur le grand-maître de l'artillerie, craignez-vous les arquebusades en la compagnie de Crillon ? Puisque je suis ici, elles n'oseront approcher. Allons jusqu'à ces arbres que je vois à deux cents pas d'ici ; de là vous reconnaîtrez plus aisément votre ravelin. » Quelque brave que fût Sully, cette téméraire proposition ne pouvait lui plaire. Mais il comprit ce qu'exigeaient de lui les circonstances où il se trouvait, et surtout sa nouvelle nomination, qui lui faisait beaucoup de jaloux. Il prouva alors à Crillon que l'homme dont le courage est habituellement réglé par la prudence sait aussi, dans l'occasion, égaler en hardiesse les plus téméraires.

« Allons, répondit-il, puisque vous le voulez, rivalisons à qui des deux sera le plus fou. »

Prenant Crillon par la main, il le mena à pas lents bien au delà des arbres.

Les assiégés découvrant en plein les deux généraux, faisaient sur eux un feu terrible. Crillon, entendant les balles siffler à ses oreilles, s'arrêta : « A ce que je vois, dit-il en riant, ces gens-là ne respectent ni le bâton de grand maître, ni celui de colonel général. Allons, retournons, je vois que vous êtes un brave et digne d'être grand maître : je veux être toute ma vie votre ami. Comptez sur Crillon à la vie et à la mort. »

Cité par Th.-H. BARRAU.

(Morale Pratique) HACHETTE, éditeur.

XXVIII

La Constitution, l'Etat et les Lois.

On appelle Constitution l'ensemble des lois qui organisent les pouvoirs publics et qui fixent les rapports de ces pouvoirs entre eux. La France est régie par la Constitution de 1875.

Aux termes de cette Constitution, le chef de l'État est le Président de la République. Il est élu pour sept ans à la majorité des suffrages par le Sénat et la Chambre des députés réunis en Congrès, à Versailles.

L'Etat est la partie gouvernante de la nation ; c'est-à-dire l'ensemble des magistrats détenteurs du pouvoir pour un temps plus ou moins long ; il comprend le pouvoir législatif, le pouvoir exécutif et le pouvoir judiciaire.

D'après la Déclaration des droits de l'homme (août 1789), la loi est l'expression de la volonté générale. Tous les citoyens ont le droit de concourir à sa formation par leurs représentants.

Il y a deux sortes de lois : les lois politiques ou constitutionnelles dont nous venons de parler et les lois civiles qui règlent les rapports des citoyens entre eux.

PENSÉE : *Toute société dans laquelle la garantie des droits n'est pas assurée, ni la séparation des pouvoirs déterminée, n'a point de constitution.*

Déclaration des droits (ART. XVI).

VINGT-HUITIÈME LECTURE

Les Lois constitutionnelles, le Gouvernement

Les lois constitutionnelles françaises sont au nombre de trois : 1º Loi relative à l'organisation des pouvoirs publics (25 février 1875) ; 2º Loi relative à l'organisation du Sénat (24 février 1875) ; 3º Loi constitutionnelle sur les rapports des pouvoirs publics (16 juillet 1875.)

D'après ces lois organiques, deux assemblées exercent le pouvoir législatif, un Sénat et une Chambre des députés. Sur les trois cents sénateurs, l'Assemblée nationale en désigna soixante-quinze inamovibles et dont les successeurs durent être, en cas de vacance, désignés par le Sénat lui-même ; les deux cent vingt-cinq autres furent nommés dans chaque département par un corps électoral comprenant les conseillers généraux et d'arrondissement, et les délégués des conseillers municipaux.

La revision de 1884 a supprimé les inamovibles, par voie d'extinction ; leurs sièges sont successivement répartis entre les départements, selon la population.

Les députés sont élus pour quatre ans par le suffrage universel direct au scrutin d'arrondissement.

Les deux Chambres partagent avec le Gouvernement l'initiative des lois, qu'elles doivent voter tour à tour, sauf celles des finances, qui sont présentées d'abord aux députés. Réunies en congrès, elles peuvent reviser la Constitution et elles désignent tous les sept ans un Président de la République, chargé du pouvoir exécutif.

Celui-ci a le droit de grâce, dispose de la force armée, choisit ses ministres qui forment un cabinet sous un président du Conseil, et qui sont solidairement responsables de leur politique.

Le Sénat peut donner son avis au sujet d'une dissolution de la Chambre des députés, sur la proposition du Président de la République, et se former en haute cour de justice pour connaître des attentats contre la sûreté de l'Etat.

D'après GUILLOT, DUFAYARD et SUÉRUS.
(Histoire contemporaine) Ch. DELAGRAVE, éditeur.

───────────

VINGT-HUITIÈME LECTURE (bis)

────

LES LOIS

En France les lois sont faites par les députés et les sénateurs et promulguées par le Président de la République. Ce sont des règlements destinés à garantir la sécurité des citoyens et à favoriser la prospérité publique. Les lois peuvent se modifier lentement et sans cesse selon les besoins des citoyens.

Les lois, c'est la Patrie elle-même ordonnant à chacun de respecter la vie, les biens, la liberté, la conscience, la croyance de chacun et de tous, au nom de la justice. Attenter aux lois, c'est frapper la Patrie au cœur. Frapper la Patrie en violant les lois, c'est blesser tous ceux que la Patrie couvre de sa protection. Violer les lois, c'est donc un crime. Il faut respecter les lois, sauvegarde de la Patrie. Aussi un véritable enfant de son pays l'aime jusqu'à obéir à ses lois, même quand elles paraissent injustes, parce qu'une loi, tant qu'elle est la loi, tient au cœur de la Patrie.

(D'après plusieurs auteurs).

XXIX

L'État républicain,
son principe et sa supériorité.

———

Il y a trois sortes d'Etats ou Gouvernements : le Gouvernement absolu ; le Gouvernement monarchique constitutionnel et le Gouvernement républicain. Tout homme civilisé désire un Etat politique dans lequel tous obéissent à des lois qu'ils ont faites, sinon directement, du moins par leurs représentants. Or, de tous les gouvernements représentatifs, la République est celui que nous devons préférer, parce qu'il assure le mieux l'indépendance des citoyens, parce qu'il est le seul qui reconnaisse la souveraineté de la nation ; celle-ci, par ses représentants peut la déléguer au plus digne. Toutefois, ce régime démocratique demande plus de vertus et plus de connaissances aux citoyens.

PENSÉE · *Il faut des Gouvernements aux peuples comme il faut des béquilles aux individus.*

J.-J. ROUSSEAU.

———

VINGT-NEUVIÈME LECTURE

Etablissement de la République

L'ancien régime reposait sur le principe de l'autorité exercée, soit par les rois absolus soit par l'aristocratie toute puissante ; il excluait le peuple de toute participation aux affaires. En Angleterre seulement, la monarchie était limitée par le contrôle des représentants de la nation.

Les Français, travaillant non pour eux seuls mais pour l'humanité, implantèrent d'abord les doctrines nouvelles de liberté dans les pays occupés et gouvernés par eux, en Belgique, sur les bords du Rhin, en Suisse, en Italie, puis ils les répandirent dans le reste de l'Europe.

La France a eu, depuis la Révolution, toutes les formes de gouvernement, République, Empire, Monarchie et dix constitutions : 1º celles de 1791 et 1793 accordaient une prépondérance excessive au pouvoir législatif concentré dans une assemblée unique ; 2º celles de l'an VIII, modifiée par les sénatus-consultes de l'an X et de l'an XII et de 1852, rétablissaient l'omnipotence de l'exécutif ; 3º celles de l'an III et de 1848 isolaient dangereusement les deux pouvoirs ; 4º la Charte de 1814 et celle de 1830 organisèrent la monarchie parlementaire.

Enfin la Constitution de 1875, fondée sur le

suffrage universel et sur l'équilibre des pouvoirs, paraît avoir assuré aux citoyens l'égalité et la liberté politiques les plus complètes et déterminé dans la République définitive l'évolution commencée il y a un siècle. Les Français jouissent aujourd'hui, dans une large mesure, de la liberté de la parole et de la presse, du droit de réunion et d'association sous la sauvegarde de lois libérales.

D'après GUILLOT et SUÉRUS.

(*Histoire contemporaine*) Eugène BELIN, éditeur.

VINGT·NEUVIÈME LECTURE (bis)

Supériorité du Gouvernement républicain

Un homme ne peut incarner la République, non ! il peut la représenter comme fonctionnaire, il doit la défendre comme citoyen, mais ce n'est que par les efforts de tous les bons citoyens que ce gouvernement peut vivre et prospérer.

Les autres gouvernements ne peuvent vivre que par la domination d'un maître qui s'impose par la force, ou par une sorte de privilège constitué dans une famille et qui le transmet à ses héritiers avec autant de sans façon.

C'est là ce qui fait que le régime républicain offre des garanties sérieuses même contre l'incapacité, contre les hasards de la naissance, contre les infirmités, contre les passions, contre les vices d'un seul homme. Aussi faut-il bien se garder, parmi nous, de jamais faire du régime républicain l'apanage d'un seul homme ; il faut en faire au contraire un régime qui change de mains, qui est mobile et qui va, par l'élection, par le choix, tous les jours plus assuré, plus juste et plus moral, au plus digne. Quand celui-ci a fait son temps, on le remplace, la nation étant appelée à se donner ainsi pour premier magistrat, — et non pas pour maître, — le plus intelligent, le plus expérimenté, le plus digne.

C'est pourquoi la République est par excellence le régime de la dignité humaine, le régime de la volonté nationale. C'est le régime qui peut seul supporter la liberté de tous ; qui seul peut faire les affaires d'un peuple qui a besoin de communiquer avec lui-même, de se réunir, de s'associer, d'exiger des comptes, de critiquer, d'examiner, en un mot de diriger ses propres intérêts et de changer ses intendants quand ils ont mal agi.

Voilà le régime républicain.

GAMBETTA.

XXX

Devoirs des Citoyens :
Obéissance aux lois, Impôt, Vote.
La devise républicaine.

Celui qui vit dans une société et qui en accepte les bienfaits s'engage à remplir les conditions moyennant lesquelles ces bienfaits lui sont assurés. C'est pourquoi tous les citoyens sont tenus d'obéir aux lois de leur pays.

Presque tous les avantages publics dont nous jouissons nous viennent de l'impôt. Il faut les considérer comme une dette envers l'Etat, en échange des services qu'il nous rend.

Le vote est aussi une obligation pour tous les citoyens actifs ; celui qui s'abstient de voter néglige ses propres intérêts et ceux du pays en général. L'électeur ne doit s'inspirer que de sa conscience et n'élire que des candidats dignes de remplir leur mandat.

La devise républicaine : Liberté, Égalité, Fraternité, résume nos droits et nos devoirs. Tous les hommes doivent pouvoir jouir librement de leur temps et de leurs facultés. Si tous les hommes sont égaux en droits, ils doivent se considérer comme des frères, se rapprocher par le cœur et par l'amour de la patrie commune.

PENSÉE : *Obéir à la loi est un acte de bon sens avant tout ; c'est la condition du bon ordre.*

(A. PIERRE).

TRENTIÈME LECTURE

MORT DE SOCRATE

Socrate, le plus sage des Grecs, injustement condamné à mort, attendait dans la prison qu'on fixât la date où serait exécuté l'arrêt qui le condamnait.

Un jour, son ami Criton alla le voir de très grand matin, et, le trouvant paisiblement endormi, s'assit doucement sur le pied de son lit pour ne pas troubler son sommeil. A son réveil, Socrate lui demanda : « Pourquoi de si bonne heure, mon ami ? » Criton lui apprit que la sentence devait s'exécuter le lendemain : « Soit, répondit Socrate, avec son calme habituel, si telle est la volonté des Dieux. »

Alors Criton dit qu'il avait gagné le geôlier ; que le soir les portes seraient ouvertes, et qu'une retraite sûre attendait Socrate en Thessalie. Socrate lui demanda, en plaisantant, s'il connaissait un lieu où l'on ne mourût pas. Criton chercha à le convaincre par les représentations les plus énergiques, qu'il devait se soustraire à un supplice injuste ; au nom de son amour pour la patrie, il le supplia d'épargner aux Athéniens la honte d'avoir répandu le sang innocent ; au nom de ses amis, il le conjura de sauver ses jours, pour leur épargner et la douleur de sa perte et le reproche d'avoir négligé le soin de sa délivrance. Enfin il fit valoir l'intérêt de ses enfants, qui avaient besoin des leçons et de la protection d'un père.

Socrate le remercia de ces preuves d'une amitié généreuse, mais il refusa de profiter de ses offres. Il lui prouva qu'un citoyen n'a jamais le droit de se révolter contre la Patrie et que se soustraire à la justice de son pays, c'est être rebelle : « Si ma Patrie me condamne injustement, je n'ai pas le droit de l'outrager. Elle a sur moi tous les droits, je n'en ai aucun sur elle. J'ai fait le serment d'obéir aux lois ; était-ce donc avec la pensée que, lorsqu'il me plairait, je pourrais m'en dégager ? Non, ce serment me lie toujours. Quant à mes enfants, dit-il en finissant, des amis tels que vous sauront bien me remplacer auprès d'eux, et la divine Providence ne les abandonnera pas. » Vaincu et subjugué, Criton ne trouva pas un mot à répondre ; il se retira les larmes aux yeux.

Enfin le moment fatal arriva. Ses amis, qui n'avaient pas manqué de le visiter chaque jour pendant sa captivité, écoutant et recueillant ses entretiens, se présentèrent à la prison. Vers le coucher du soleil, un des onze magistrats chargés de l'inspection des prisons vint l'informer que le moment de boire la ciguë était arrivé. Sans changer de maintien, sans manifester la moindre émotion, Socrate prit la coupe qui contenait le poison et la vida.

Un des disciples présents à cette scène raconte ainsi les derniers moments de Socrate :

« Cependant Socrate, qui se promenait, dit qu'il sentait ses jambes s'appesantir et il se coucha sur le dos comme l'homme de la prison l'avait ordonné. En même temps, l'homme qui lui avait donné le poison s'approcha et, après avoir examiné quelque temps ses pieds et ses jambes, lui serra le pied fortement et lui demanda s'il le sentait ; il répondit que non. Il lui serra ensuite les jambes, et portant ses mains plus haut, il nous fit voir que le corps se glaçait et se raidissait. Alors se découvrant, car il était couvert : « Criton, dit-il, et ce furent ses dernières paroles, nous devons un coq à Esculape ; n'oublie pas d'acquitter cette dette. — Cela sera fait, répondit Criton ; mais vois si tu as encore quelque chose à nous dire. »

Il ne répondit rien, et un peu de temps après il fit un mouvement. Alors l'homme le découvrit tout à fait. Les regards étaient fixes ; Criton s'en étant aperçu lui ferma la bouche et les yeux.

Ainsi mourut le plus sage des hommes.

(D'après plusieurs historiens).

TRENTIÈME LECTURE (bis)

L'IMPÔT

C'est un devoir de payer l'impôt ; car, sans les contributions de chaque citoyen, l'Etat n'aurait pas de budget et ne pourrait pas faire fonctionner les services dont il est chargé. Comment, sans argent, rendre la justice, donner de l'instruction, défendre le territoire, entretenir les routes ? Cet argent, d'ailleurs, est voté par les représentants du pays nommés à cet effet, et l'emploi en est surveillé par eux. Dès lors, le citoyen n'a rien à craindre, on ne lui demande pas plus qu'il ne faut, et nul emploi illégitime ne peut être fait de ces fonds. Mais si l'Etat ne doit pas taxer les citoyens sans leur consentement et sans leur surveillance, ceux-ci à leur tour ne doivent pas refuser leur argent à l'Etat. Sans doute ce mal n'est pas très à craindre, puisque, à défaut de bonne volonté, la contrainte vient à bout des récalcitrants. Mais il y a toujours quelques moyens de frauder la loi. On croit trop facilement dans le vulgaire que tromper l'Etat, ce n'est pas tromper ; on ne se fait pas scrupule de faire de fausses déclarations là où l'on demande des déclarations, de passer à la frontière des objets prohibés, etc ; autant de manières de refuser l'impôt.

Paul JANET,

(Cours de Psychologie et de Morale)
Ch. DELAGRAVE, éditeur.

XXXI

Droits du Citoyen :
Liberté individuelle, Liberté du travail, Liberté d'association.

Le premier article de la déclaration des droits de l'homme de 1789 reconnaît ce bien suprême : la liberté individuelle :

« Les hommes naissent et demeurent libres... »

La liberté est le pouvoir que nous possédons d'agir selon notre volonté, de prendre une décision conforme à notre désir. Mais cette liberté, nous l'avons déjà dit, nous rend responsables de nos actes ; nous ne devons accomplir que des actions approuvées par la conscience et la raison. Nous pouvons faire tout ce qui ne nuit pas à autrui et qui n'est pas défendu par la loi.

Tous les hommes sont tenus de travailler pour subvenir à leurs besoins ou pour surveiller leurs intérêts et pour n'être pas inutiles. Il est juste qu'ils soient libres de choisir le travail qu'ils préfèrent ; qu'ils puissent unir ou associer leurs efforts, leurs connaissances ou leurs talents.

Pensée : *La vraie liberté consiste à faire sans crainte tout ce qui est juste et bon.*

(J. Wintrop).

TRENTE-UNIÈME LECTURE

LA LIBERTÉ

L'homme est un être libre.

S'il n'était pas libre, il ne serait pas un être moral, il ne pourrait avoir ni vertu ni vice, ni mérite ni démérite ; il ne serait susceptible ni de blâme ni de louange, ni de récompenses ni de châtiments.

Nous avons conscience de notre liberté ; nous sentons parfaitement, chaque fois que nous avons résolu un acte, que nous aurions pu ne pas le résoudre ainsi.

Tous les hommes nous traitent comme créatures libres ; on nous parle, on nous juge, on nous exhorte, on nous reprend, on nous punit, on nous loue comme des gens libres, dont les actes ne sont pas le produit d'un mécanisme inconscient et fatal, mais l'effet d'une volonté consciente et maîtresse d'elle-même.

Si nos actions étaient inévitables, si elles jaillissaient d'une force irrésistible de la nature, comme la fleur des champs, l'eau de la source, le vent d'orage, la foudre, la lave, on ne pourrait pas leur appliquer la règle du mérite ou du démérite, on ne pourrait nous les reprocher, ni nous en remercier et nous en récompenser.

L'homme qui voudrait appliquer la loi du mérite ou du démérite à des êtres inanimés, au bloc qui écrase, à l'eau qui noie, à l'arbre dont les fruits empoisonnent, ou même à des êtres animés mais sans raison, comme la chenille qui ronge, le loup qui égorge, celui-là passerait pour un insensé. La liberté de l'homme est un fait ; elle ne consiste pas à pouvoir faire ce qu'on veut, mais à vouloir ce qu'on préfère. Il importe de bien choisir.

JULES STEEG (*L'honnête homme*).

FERNAND NATHOU, éditeur.

TRENTE-UNIÈME LECTURE (bis)

La liberté du travail, Concurrence, Association.

L'esclave qui était la propriété de son maître, qui n'avait ni famille, ni biens personnels, ne travaillait que par crainte des châtiments : il produisait peu et donnait des produits souvent fort imparfaits. L'ouvrier qui, au moyen âge, faisait partie d'une corporation, était assuré de trouver, s'il devenait patron, un débouché pour ses produits ; il n'avait aucun intérêt à chercher des procédés nouveaux plus expéditifs et plus économiques, puisqu'il lui était défendu d'en faire usage. La plupart des ouvriers qui ne pouvaient être patrons, n'avaient qu'un intérêt secondaire à se perfectionner dans leur métier.

Aujourd'hui, la loi reconnaît à chacun la liberté de sa personne et de ses facultés, lui assure la possession de ce qu'il a gagné par son travail, lui permet de choisir la profession ou le métier qu'il préfère. Chaque ouvrier est intéressé à bien faire pour conserver ses clients et en trouver de nouveaux, à chercher les procédés les plus expéditifs et les moins coûteux pour produire au plus bas prix, un plus grand nombre d'objets. La liberté du travail et la concurrence ont pour résultat l'augmentation de la production ; elles font qu'un plus grand nombre d'hommes peuvent satisfaire leurs besoins d'une façon plus complète. Sans doute, le producteur n'est plus assuré, comme au moyen-âge, de trouver une rémunération de son travail à peu près suffisante pour le faire vivre lorsqu'il est trop inférieur à ses concurrents, mais dans ce cas même il bénéficie de la concurrence comme consommateur et trouve à meilleur marché et en plus grand nombre, tous les objets qu'il ne fabrique pas et dont il a besoin.

Un homme ne réussit pas à soulever seul un bloc de pierre de deux cents kilogrammes ; il y parvient, avec l'aide de cinq ou six de ses semblables. Un ingénieur fait le tracé d'un chemin de fer qu'il ne pourrait construire ; l'entrepreneur qui dirige les travaux et fournit les matériaux est incapable de faire le tracé et de préparer la voie ; le terrassier qui déblaie le terrain, ne sait ni tracer la voie, ni vérifier s'il se conforme au tracé indiqué. L'ingénieur, l'entrepreneur, le terrassier associent leur travail et mènent à bonne fin ce que chacun d'eux n'aurait pu faire à lui seul.

Grâce à la liberté du travail et à la concurrence, les consommateurs trouvent, pour satisfaire leurs besoins, un plus grand nombre d'objets, mieux fabriqués et à meilleur marché ; le producteur même auquel la concurrence est nuisible, en est dédommagé comme consommateur de denrées étrangères à sa production.

L'association des travailleurs a pour résultat la production de choses utiles qu'aucun d'eux n'eût pu fournir à lui seul.

D'après P. LALOI et PICAVET.

ARMAND COLIN, éditeur.

XXXII

Le Droit des Gens — L'Arbitrage

On appelle droit des gens ou droit international, les obligations réciproques des nations en temps de paix et en temps de guerre.

Ce droit est en quelque sorte un droit coutumier et ne réside que dans la raison des peuples. En temps de paix, les nations doivent entretenir des rapports d'intérêts bien entendus, pour leur prospérité réciproque. En temps de guerre, on doit respecter les neutres et ce qui leur appartient. Les femmes, les enfants, les vieillards désarmés ne sont pas des ennemis ; on ne doit s'emparer des biens des vaincus que par des réquisitions régulières, et en tenir compte au moment de la conclusion de la paix.

La science a découvert des engins de destruction terribles ; l'horreur de la guerre moderne porte les nations civilisées vers l'arbitrage. Ce serait l'idéal déjà rêvé au début du XVIIe siècle par le bon Henri IV.

PENSÉE: *Il n'est permis de faire la guerre que malgré soi, à la dernière extrémité, pour repousser la violence de l'ennemi.*

(FÉNELON).

TRENTE-DEUXIÈME LECTURE

APRÈS LA BATAILLE

Mon père, ce héros au sourire si doux,
Suivi d'un seul housard qu'il aimait entre tous
Pour sa grande bravoure et pour sa haute taille,
Parcourait à cheval, le soir d'une bataille,
Le champ couvert de morts sur qui tombait la nuit.
Il lui sembla, dans l'ombre, entendre un faible bruit.
C'était un espagnol de l'armée en déroute,
Qui se traînait, sanglant, sur le bord de la route,
Râlant, brisé, livide et mort plus qu'à moitié,
Et qui disait : « A boire, à boire, par pitié ! »
Mon père, ému, tendit à son housard fidèle
Une gourde de rhum qui pendait à sa selle,
Et dit : « Tiens, donne à boire à ce pauvre blessé. »
Tout à coup, au moment où le housard baissé
Se penchait vers lui, l'homme, une espèce de Maure,
Saisit un pistolet qu'il étreignait encore,
Et vise au front mon père, en criant : « Caramba ! »
Le coup passa si près que le chapeau tomba
Et que le cheval fit un écart en arrière.
« Donne-lui tout de même à boire », dit mon père.

VICTOR HUGO.

TRENTE-DEUXIÈME LECTURE (bis)

LES MAUX DE LA GUERRE

Quelle fureur aveugle pousse les malheureux mortels ! ils ont si peu de jours à vivre sur la terre ! ces jours sont si misérables ! Pourquoi précipiter une mort déjà si prochaine? Pourquoi ajouter tant de désolations affreuses à l'amertume dont les Dieux ont rempli cette vie si courte ? Les hommes sont tous frères, et ils s'entre-déchirent ; les bêtes farouches sont moins cruelles qu'eux. Les lions ne font point la guerre aux lions, ni les tigres aux tigres ; ils n'attaquent que les animaux d'espèce différente: l'homme seul, malgré sa raison, fait ce que les animaux sans raison ne firent jamais. Mais, encore, pourquoi ces guerres ? N'y a-t-il pas assez de terre dans l'Univers pour en donner à tous les hommes plus qu'ils n'en peuvent cultiver? Combien y a-t-il de terres désertes ! le genre humain ne saurait les remplir. Quoi donc ? une fausse gloire, un vain titre de conquérant qu'un prince veut acquérir, allume la guerre dans des pays immenses. Ainsi un seul homme, donné au monde par la colère des Dieux, sacrifie brutalement tant d'autres hommes à sa vanité : il faut que tout périsse, que tout nage dans le sang, que tout soit dévoré par les flammes, que ce qui échappe au fer et au feu ne puisse échapper à la faim encore plus cruelle, afin qu'un seul homme, qui se joue de la nature humaine entière, trouve dans cette destruction générale son plaisir et sa gloire ! Quelle gloire monstrueuse ! Peut-on trop abhorrer et trop mépriser des hommes qui ont tellement oublié l'humanité ? Non, non, bien loin d'être des demi-dieux, ce ne sont pas même des hommes, et ils doivent être en exécration à tous les siècles, dont ils ont cru être admirés. Oh ! que les rois doivent prendre garde aux guerres qu'ils entreprennent. Elles doivent être justes ; ce n'est pas assez : il faut qu'elles soient nécessaires pour le bien public. Le sang d'un peuple ne doit être versé que pour sauver ce peuple dans les besoins extrêmes. Mais les conseils flatteurs, les fausses idées de gloire, les vaines jalousies, l'injuste avidité qui se couvre de beaux prétextes, enfin les engagements insensibles entraînent presque toujours les rois dans les guerres où ils se rendent malheureux, où ils hasardent tout sans nécessité.

FÉNELON.

CHAPITRE VIII
SANCTIONS DE LA MORALE

XXXIII
Sanction intérieure ou intime, Sanction naturelle, Sanction sociale.

Toute loi a une sanction ; la loi morale ou le devoir en général, est soumise à plusieurs sanctions. Lorsque nous accomplissons de bonnes actions, nous éprouvons une satisfaction intérieure d'un grand prix. Mais si au contraire nous faisons le mal, nous sommes attristés ; notre conscience nous reproche notre faute : ce reproche, c'est le remords.

Mais le remords s'émousse et la conscience serait bientôt en repos sans la sanction naturelle ou la souffrance, résultant quelquefois de la mauvaise conduite et souvent de l'intempérance. Ce grave défaut peut conduire à toutes les misères physiques et morales.

D'autre part, pour peu que nous possédions le sentiment de l'honneur, nous devons tenir à l'estime publique et craindre le mépris du prochain, qui serait la sanction sociale de nos actes répréhensibles.

MAXIME : *Le tigre déchire sa proie et dort, l'homme tue et veille.*

(CHATEAUBRIAND).

TRENTE-TROISIÈME LECTURE

LA CONSCIENCE

Lorsque, avec ses enfants vêtus de peaux de bêtes,
Echevelé, livide au milieu des tempêtes,
Caïn se fut enfui de devant Jéhovah,
Comme le soir tombait, l'homme sombre arriva
Au bas d'une montagne en une grande plaine.
Sa femme fatiguée et ses fils hors d'haleine
Lui dirent : « Couchons-nous sur la terre, et dormons. »
Caïn, ne dormant pas, songeait au pied des monts.
Ayant levé la tête, au fond des cieux funèbres,
Il vit un œil tout grand ouvert dans les ténèbres,
Et qui le regardait dans l'ombre fixement :
« Je suis trop près, » dit-il avec un tremblement.
Il réveilla ses fils dormant, sa femme lasse,
Et se remit à fuir sinistre dans l'espace.
Il marcha trente jours ; il marcha trente nuits,
Il allait, muet, pâle et frémissant aux bruits,
Furtif, sans regarder derrière lui, sans trêve,
Sans repos, sans sommeil. Il atteignit la grève
Des mers dans le pays qui fut depuis Assur.
«Arrêtons-nous, dit-il, car cet asile est sûr.
Restons-y. Nous avons du monde atteint les bornes. »
Et, comme il s'asseyait, il vit dans les cieux mornes
L'œil à la même place au fond de l'horizon.
Alors il tressaillit, en proie au noir frisson :
« Cachez-moi ! » cria-t-il, et, le doigt sur la bouche,
Tous ses fils regardaient trembler l'aïeul farouche.
Caïn dit à Jabel, père de ceux qui vont
Sous des tentes de poil dans le désert profond :
« Etends de ce côté la toile de la tente. »
Et l'on développa la muraille flottante,
Et, quand on l'eut fixée avec des poids de plomb :

« Vous ne voyez plus rien ? » dit Tsilla, l'enfant blond,
La fille de ses fils, douce comme l'aurore,
Et Caïn répondit : « Je vois cet œil encore ! »
Jubal, père de ceux qui passent dans les bourgs
Soufflant dans des clairons et frappant des tambours,
Cria : « Je saurai bien construire une barrière. »
Il fit un mur de bronze et mit Caïn derrière.
Et Caïn dit : « Cet œil me regarde toujours ! »
Hénoch dit : « Il faut faire une enceinte de tours
Si terrible que nul ne puisse approcher d'elle ;
Bâtissons une ville, avec sa citadelle.
Bâtissons une ville, et nous la fermerons. »
Alors Tubalcaïn, père des forgerons,
Construisit une ville énorme et surhumaine.
Pendant qu'il travaillait, ses frères dans la plaine
Chassaient les fils d'Énos et les enfants de Seth,
Et l'on crevait les yeux à quiconque passait ;
Et le soir on lançait des flèches aux étoiles.
Le granit remplaça la tente aux murs de toiles ;
On lia chaque bloc avec des nœuds de fer,
Et la ville semblait une ville d'enfer.
L'ombre des tours faisait la nuit dans les campagnes.
Ils donnèrent aux murs l'épaisseur des montagnes.
Sur la porte on grava : « Défense à Dieu d'entrer. »
Quand ils eurent fini de clore et de murer,
On mit l'aïeul au centre en une tour de pierre ;
Et lui restait lugubre et hagard. « O mon père !
L'œil a-t-il disparu ? » dit en tremblant Tsilla ;
Et Caïn répondit : « Non, il est toujours là ! »
Alors il dit : « Je veux habiter sous la terre,
Comme dans son sépulcre un homme solitaire ;
Rien ne me verra plus, je ne verrai plus rien. »
On fit donc une fosse, et Caïn dit : « C'est bien ! »
Puis il descendit seul sous cette voûte sombre.
Quand il se fut assis sur sa chaise dans l'ombre,
Et qu'on eut sur son front fermé le souterrain,
L'œil était dans la tombe et regardait Caïn.

V. Hugo.

TRENTE-TROISIÈME LECTURE (bis)

Conséquences des mauvaises Compagnies

C'était le soir de la fête de mon village. La gaieté régnait partout. J'avais dix ans.

« Viens donc avec moi », me dit à l'oreille un grand de l'école, de treize à quatorze ans, un mauvais sujet dont je ne veux pas dire le nom. Je le suivis.

Il m'emmena dans le jardin du marchand de vin, de là dans une cour où se trouvaient de nombreuses bouteilles pleines. Il en saisit une et nous nous sauvâmes. Caché derrière la haie, il but presque toute la bouteille dans un coin, puis nous revînmes à la fête.

J'avais le cœur bien gros en rentrant à la maison, et, en me couchant, j'avais mal à la tête. Je dormis mal. Le lendemain j'arrivai soucieux et inquiet à l'école ; il me semblait qu'on allait lire dans mes yeux la faute de la veille. Les enfants formaient cercle dans la cour, sans jouer, regardant quelque chose ; et le maître était là, les bras croisés, écoutant et observant. Je m'approchai. Que vis-je ?... La bouteille accusatrice !

Le marchand de vin s'était aperçu du vol ; il avait découvert la bouteille ; et, voisin de l'instituteur, il l'avait prié de rechercher si les coupables n'appartenaient pas à l'école.

« Qui a volé cette bouteille hier ? dit le maître. » Tous les yeux se dirigèrent sur le grand mauvais sujet, seul capable d'un tel méfait. Il avoua sans trop de peine. « Oui, c'est moi, reprit-il ; mais je n'étais pas seul : *lui* était avec moi. » Et il me montrait du doigt !

J'eusse voulu être à cent pieds sous terre. Je pâlis, je rougis, je pleurai. « Ah ! » dirent les autres. L'instituteur était bon : il m'aimait beaucoup ; j'étais son porte-chaîne pour arpenter et j'avais toute sa confiance. Il n'eut pas la cruauté de m'interroger publiquement. Il me regarda tristement et donna l'ordre de rentrer en classe.

Les trois heures s'écoulèrent, longues et graves, sans un mot du vol. Seulement, après la classe, on nous garda, le grand mauvais sujet et moi.

Je passai dans le cabinet de l'instituteur : j'avouai tout en sanglotant.

« Oh ! ne le dites pas chez nous, Monsieur, suppliai-je ; si mon père savait cela ! et ma mère ! eux qui sont si honnêtes dans leur pauvreté. Moi les déshonorer, déshonorer toute ma famille ! Pardon, Monsieur, pardon !... Va, me dit mon maître ; tu es assez puni ; *va et rappelle-toi ce qu'on gagne dans la compagnie des gens vicieux.*

Je sortis et m'en allai.

On ne sut rien à la maison ; je restai porte-chaîne et ami de l'instituteur : mais *la bouteille* je ne l'ai jamais oubliée et je la vois encore aujourd'hui, à trente ans de distance. Je vois encore le visage attristé de mon digne instituteur — mort maintenant — et je bénis sa mémoire.

Quant au grand mauvais sujet, je ne sais quelle fut sa punition, mais il quitta l'école et plus tard j'appris qu'il avait mal fini : le déshonneur et la prison furent la sanction sociale de sa conduite.

(D'après le *Journal des Instituteurs*).

XXXIV

Sanction religieuse ou philosophique.
L'idée de Dieu.

————

Les sanctions dont nous avons parlé précédemment s'appliquent plus ou moins à notre conduite. Mais le remords peut s'émousser et disparaître même ; la souffrance n'atteint pas toujours le coupable ; nous n'avons pas toujours des parents et des amis pour nous mépriser si nous nous endurcissons dans le mal. Aussi bien souvent nous voyons le crime impuni et la vertu malheureuse. Il paraît nécessaire qu'une justice suprême et infaillible vienne réparer les injustices de cette vie, afin que chacun soit traité selon son mérite.

Cette idée de justice absolue conduit notre esprit à croire à l'immortalité de l'âme et à l'existence d'une Providence souverainement bonne, mais souverainement juste.

MAXIME : *La vertu est à elle-même sa propre récompense.*

(STOÏCIENS).

————

TRENTE-QUATRIÈME LECTURE

DEVOIRS ENVERS DIEU

Le plus illustre savant de l'Angleterre, Newton, se découvrait chaque fois qu'il parlait ou qu'il entendait parler de Dieu.

Vous voyez l'ordre constant des lois de l'Univers, la régularité des saisons, les changements des plantes qui poussent au printemps et qui se dessèchent à l'automne, la succession des jours et des nuits, du froid et de la chaleur, de la sécheresse et de la pluie. Tout est ainsi réglé par une volonté suprême à laquelle presque tous les peuples, dans tous les temps, ont donné le même nom.

C'est aussi de Dieu que vient la loi morale.

Cette différence que vous sentez, mes enfants, entre le bien et le mal, la satisfaction que vous éprouvez à bien agir, le regret que vous causent vos fautes, la liberté que vous avez de choisir et qui vous rend responsables de vos actions, vous révèlent une loi supérieure.

Vous avez en vous l'idée d'une perfection que vous ne réalisez pas, à laquelle des milliers d'entre vous aspirent sans l'atteindre. Cette idée vous vient précisément de l'être par excellence, de l'être parfait, c'est-à-dire de Dieu. Il l'a gravée dans vos cœurs pour que vous cherchiez à vous rapprocher de lui par la vertu. Comme l'a dit un ancien, la ressemblance avec Dieu, c'est la vertu.

Plus vous serez vertueux, plus la beauté du divin modèle vous apparaîtra. Le premier hommage que vous lui devez, c'est par conséquent l'obéissance aux lois que votre conscience et votre raison vous révèlent. Ces lois expriment sa volonté. Celui qui les viole s'expose à un châtiment dont Dieu seul est juge. Celui qui les observe mérite une récompense que la justice divine ne lui refusera pas.

Lorsque nous pensons à cette toute puissance de Dieu, à ce droit de punir ou de récompenser tous les actes suivant leurs mérites, qui n'appartient qu'à lui, nous sommes saisis de respect et de crainte.

Puis, comme l'a dit un grand philosophe : « Si nous venons à considérer que cet être tout « puissant a bien voulu nous créer, nous, dont « il n'a aucun besoin ; qu'en nous créant, il nous « a comblés de bienfaits ; qu'il nous a donné cet « Univers pour jouir de ses beautés toujours « nouvelles, la raison pour penser, le cœur pour « aimer, la liberté pour agir, nous sommes « pénétrés pour lui de reconnaissance et « d'amour, nous avons besoin de le remercier « par l'adoration et par la prière. »

L'obéissance, le respect, l'amour, voilà, par conséquent, nos devoirs envers Dieu.

Cité par M. MÉZIÈRES.
(Éducation morale et Instruction civique)
CH. DELAGRAVE, éditeur.

TRENTE-QUATRIÈME LECTURE (bis)

A FRÉDÉRIC GUILLAUME

A Ferney, le 28 novembre 1770.

Monseigneur, la famille royale de Prusse a grande raison de ne pas vouloir que son âme soit anéantie. Elle a plus de droit que personne à l'immortalité.

Il est vrai qu'on ne sait pas trop bien ce que c'est qu'une âme ; on n'en a jamais vu. Tout ce que nous savons, c'est que le Maître éternel de la nature nous a donné la faculté de penser et de connaître la vertu.

Il n'est pas démontré que cette faculté vive après notre mort ; mais le contraire n'est pas démontré davantage.

Au milieu de tous les doutes qu'on tourne depuis quatre mille ans en quatre mille manières, le plus sûr est de ne jamais rien faire contre sa conscience. Avec ce secret, on jouit de la vie, et on ne craint rien à la mort.

Il n'y a que des charlatans qui soient certains. Nous ne savons rien des premiers principes. Il est bien extravagant de définir Dieu, les anges, les esprits, et de savoir précisément pourquoi

Dieu a formé le monde, quand on ne sait pas pourquoi on remue son bras à sa volonté.

Mais toute la nature nous crie que Dieu existe ; qu'il y a une intelligence suprême, un pouvoir immense, un ordre admirable, et tout nous instruit de notre dépendance.

Dans notre ignorance profonde, faisons de notre mieux ; voilà ce que je pense, et ce que j'ai toujours pensé, parmi toutes les misères et toutes les sottises attachées à soixante-dix-sept ans de vie.

VOLTAIRE.

LECTURES COMPLÉMENTAIRES

Déclaration des droits de l'homme et du citoyen (1789)

Les représentants du Peuple français, constitués en Assemblée nationale, considérant que l'ignorance, l'oubli ou le mépris des droits de l'homme sont les seules causes des malheurs publics et de la corruption des gouvernements, ont résolu d'exposer, dans une déclaration solennelle, les droits naturels, inaliénables et sacrés de l'homme, afin que cette déclaration, constamment présente à tous les membres du corps social, leur rappelle sans cesse leurs droits et leurs devoirs ; afin que les actes du pouvoir législatif et ceux du pouvoir exécutif, pouvant être à chaque instant comparés avec le but de toute institution politique, en soient plus respectés ; afin que les réclamations des citoyens, fondées désormais sur des principes simples et incontestables, tournent toujours au maintien de la constitution et au bonheur de tous.

En conséquence, l'Assemblée nationale reconnaît et déclare, en présence et sous les auspices de l'Être suprême, les droits suivants de l'homme et du citoyen :

ARTICLE PREMIER. — Les hommes naissent et demeurent libres et égaux en droits ; les distinctions sociales ne peuvent être fondées que sur l'utilité commune.

ART. 2. — Le but de toute association politique, est la conservation des droits naturels et imprescriptibles de l'homme : ces droits sont la liberté, la propriété, la sûreté et la résistance à l'oppression.

ART. 3. — Le principe de toute souveraineté réside essentiellement dans la Nation ; nul corps, nul individu ne peut exercer d'autorité qui n'en émane expressément.

ART. 4. — La liberté consiste à pouvoir faire tout ce qui ne nuit pas à autrui ; ainsi l'exercice des droits naturels de chaque homme n'a de bornes que celles qui assurent aux autres membres de la société la jouissance de ces mêmes droits ; ces bornes ne peuvent être déterminées que par la loi.

ART. 5. — La loi n'a le droit de défendre que les actions nuisibles à la société. Tout ce qui n'est pas défendu par la loi ne peut être empêché, et nul ne peut être contraint à faire ce qu'elle n'ordonne pas.

ART. 6. — La loi est l'expression de la volonté générale ; tous les citoyens ont le droit de concourir personnellement ou par leurs représentants à sa formation ; elle doit être la même pour tous, soit qu'elle protège, soit qu'elle punisse. Tous les citoyens, étant égaux à ses yeux sont également admissibles à toutes dignités, places et emplois publics, selon leur capacité, et sans autres distinctions que celles de leurs vertus et de leurs talents.

ART 7. — Nul homme ne peut être accusé, arrêté, ni détenu que dans les cas déterminés par la loi, et selon les formes qu'elle a prescrites. Ceux qui sollicitent, expédient, exécutent ou font exécuter des ordres arbitraires doivent être punis ; mais tout citoyen, appelé ou saisi en vertu de la loi, doit obéir à l'instant ; il se rend coupable par la résistance.

Art. 8. — La loi ne doit établir que des peines strictement et évidemment nécessaires, et nul ne peut être puni qu'en vertu d'une loi établie et promulguée antérieurement au délit et légalement appliquée.

Art. 9. — Tout homme étant présumé innocent jusqu'à ce qu'il ait été déclaré coupable, s'il est jugé indispensable de l'arrêter, toute rigueur qui ne serait pas nécessaire pour s'assurer de sa personne doit être sévèrement réprimée par la loi.

Art. 10. — Nul ne doit être inquiété pour ses opinions, même religieuses, pourvu que leur manifestation ne trouble pas l'ordre public établi par la loi.

Art. 11. — La libre communication des pensées et des opinions est un des droits les plus précieux de l'homme. Tout citoyen peut donc parler, écrire, imprimer librement, sauf à répondre de l'abus de cette liberté dans les cas déterminés par la loi.

Art. 12. — La garantie des droits de l'homme et du citoyen nécessite une force publique ; cette force est donc instituée pour l'avantage de tous, et non pour l'utilité particulière de ceux à qui elle est confiée.

Art. 13. — Pour l'entretien de la force publique et pour les dépenses de l'administration, une contribution commune est indispensable : elle doit être également répartie entre tous les citoyens, en raison de leurs facultés.

Art. 14. — Les citoyens ont le droit de constater par eux-mêmes, ou par leurs représentants, la nécessité de la contribution publique, de la consentir librement, d'en suivre l'emploi, et d'en déterminer la quotité, l'assiette, le recouvrement et la durée.

Art. 15. — La société a le droit de demander compte à tout agent public de son administration.

Art. 16. — Toute société dans laquelle la garantie des droits n'est pas assurée, ni la séparation des pouvoirs déterminée, n'a point de constitution.

Art. 17. — Les propriétés étant un droit inviolable et sacré, nul ne peut en être privé, si ce n'est lorsque la nécessité publique, légalement constatée, l'exige évidemment et sous la condition d'une juste et préalable indemnité.

CONSTITUTION DE 1875

Cette constitution comprend trois lois essentielles qui ont été modifiées depuis par les deux lois constitutionnelles des 19-21 juin 1879 et des 13-14 août 1884.

Nous reproduisons le texte de ces lois fondamentales moins les dispositions abrogées.

Loi constitutionnelle du 25 février 1875, relative à l'organisation des pouvoirs publics.

ARTICLE PREMIER. — Le pouvoir législatif s'exerce par deux assemblées : la Chambre des députés et le Sénat.

La Chambre des députés est nommée par le suffrage universel, dans les conditions déterminées par la loi électorale.

La composition, le mode de nomination et les attributions du Sénat seront réglés par une loi spéciale.

ART. 2. — Le président de la République est élu à la majorité absolue des suffrages par le Sénat et par la Chambre des députés réunis en assemblée nationale à Versailles.

Il est nommé pour sept ans. Il est rééligible.

ART. 3. — Le président de la République a l'initiative des lois, concurremment avec les membres des deux Chambres. Il promulgue les lois lorsqu'elles ont été votées par les deux Chambres ; il en surveille et en assure l'exécution.

Il a le droit de faire grâce ; les amnisties ne peuvent être accordées que par une loi.

Il dispose de la force armée.

Il nomme à tous les emplois civils et militaires.

Il préside aux assemblées nationales ; les envoyés et les ambassadeurs des puissances étrangères sont accrédités auprès de lui.

Chacun des actes du président de la République doit être contresigné par un ministre.

ART. 4. — Au fur et à mesure des vacances qui se produiront à partir de la promulgation de la présente loi, le président de la République nomme, en conseil des ministres, les conseillers d'Etat en service ordinaire.

Les conseillers d'Etat, ainsi nommés, ne pourront être révoqués que par décret rendu en conseil des ministres.

ART. 5. — Le président de la République peut, sur l'avis conforme du Sénat, dissoudre la Chambre des députés avant l'expiration légale de son mandat.

En ce cas les collèges électoraux seront réunis pour de nouvelles élections dans le délai de deux mois et la Chambre dans les dix jours qui suivent la clôture des opérations électorales[1].

ART. 6. — Les ministres sont solidairement responsables devant les Chambres de la politique générale du gouvernement et, individuellement, de leurs actes personnels.

Le président de la République n'est responsable que dans le cas de haute trahison.

ART. 7. — En cas de vacance par décès ou pour toute autre cause, les deux Chambres réunies procèdent immédiatement à l'élection d'un nouveau président.

Dans l'intervalle, le conseil des ministres est investi du pouvoir exécutif.

----

1. Le texte de ce paragraphe 2 de l'art. 5, est celui de la loi constitutionnelle des 13-14 août 1884, qui a modifié celui de la loi du 25 février 1875.

ART. 8. — Les Chambres auront droit, par délibérations séparées, prises dans chacune à la majorité absolue des voix, soit spontanément, soit sur la demande du président de la République, de déclarer qu'il y a lieu de reviser les lois constitutionnelles.

Après que chacune des deux Chambres aura pris cette résolution, elles se réuniront en assemblée nationale pour procéder à la revision.

Les délibérations portant revision des lois constitutionnelles, en tout ou en partie, devront être prises à la majorité absolue des membres composant l'assemblée nationale.

(Ce paragraphe de l'art. 8 est complété ainsi qu'il suit par la loi constitutionnelle des 13-14 août 1884, dont voici le texte :)

La forme républicaine du gouvernement ne peut faire l'objet d'une proposition de revision...

Les membres des familles ayant régné sur la France sont inéligibles à la présidence de la République.

L'art. 9 ainsi conçu : « Le siège du pouvoir exécutif et des deux chambres est à Versailles. » a été abrogé par la loi constitutionnelle des 19-21 juin 1879.

Le siège du pouvoir exécutif et des Chambres fut ramené à Paris par la loi du 22 juillet 1879.

Loi constitutionnelle du 24 février 1875, relative à l'organisation du Sénat.

Cette loi a été en partie abrogée. Sur 11 articles qui la composaient, il ne subsiste plus que les articles 1, 3, 4, 6, 8 et 9.

ART. 1er. — Le Sénat se compose de 300 membres élus par les départements et les colonies.

ART. 3. — Nul ne peut être sénateur, s'il n'est Français, âgé de 40 ans au moins, et s'il ne jouit de ses droits civils et politiques.

ART. 4. — Les sénateurs des départements et des colonies sont élus à la majorité absolue, au scrutin de liste, par un collège réuni au chef-lieu du département ou de la colonie, et composé : 1° des députés ; 2° des conseillers généraux ; 3° des conseillers d'arrondissement ; 4° des délégués des conseils municipaux.

ART. 6. — Les sénateurs des départements et des colonies sont élus pour neuf années et renouvelables par tiers tous les trois ans. — Au début de la première session, les départements seront divisés en trois séries contenant chacune un égal nombre de sénateurs. Il sera procédé, par la voie du tirage au sort, à la désignation des séries qui devront être renouvelées à l'expiration de la première et de la deuxième période triennale.

ART. 8. — Le Sénat a, concurremment avec la Chambre des députés, l'initiative et la confection des lois. Toutefois, les lois de finances doivent être, en premier lieu, présentées à la Chambre des députés et votées par elle.

ART. 9. — Le Sénat peut être constitué en cour de justice pour juger soit le président de la République, soit les ministres, et pour connaître des attentats commis contre la sûreté de l'État.

Loi constitutionnelle du 16 juillet 1875 sur les rapports des pouvoirs publics.

ARTICLE PREMIER. — Le Sénat et la Chambre des députés se réunissent chaque année, le second mardi de janvier, à moins d'une convocation antérieure faite par le président de la République.

Les deux Chambres doivent être réunies en session cinq mois au moins chaque année. La session de l'une commence et finit en même temps que celle de l'autre.

ART. 2. — Le président de la République prononce la clôture de la session. Il a le droit de convoquer extraordinairement les Chambres. Il devra
les convoquer si la demande en est faite, dans
l'intervalle des sessions, par la majorité absolue des
membres composant chaque Chambre.

Le président peut ajourner les Chambres. Toutefois l'ajournement ne peut excéder le terme d'un
mois, ni avoir lieu plus de deux fois dans la même
session.

ART. 3. — Un mois au moins avant le terme légal
des pouvoirs du président de la République, les
Chambres doivent être réunies en Assemblée nationale pour procéder à l'élection du nouveau président.

A défaut de convocation, cette réunion aurait lieu
de plein droit le quinzième jour avant l'expiration
de ces pouvoirs.

En cas de décès ou de démission du président de
la République, les deux Chambres se réunissent
immédiatement de plein droit.

Dans le cas où, par application de l'article 5 de
la loi du 25 février 1875, la Chambre des députés se
trouverait dissoute au moment où la présidence de
la République deviendrait vacante, les collèges
électoraux seraient aussitôt convoqués et le Sénat
se réunirait de plein droit.

ART. 4. — Toute assemblée de l'une des deux
Chambres qui serait tenue hors du temps de la
session commune est illicite et nulle de plein droit,
sauf le cas prévu à l'article précédent et celui où le
Sénat est réuni comme cour de justice ; et, dans ce
dernier cas, il ne peut exercer que des fonctions
judiciaires.

ART. 5. — Les séances du Sénat et celles de la
Chambre des députés sont publiques.

Néanmoins, chaque Chambre peut se former en
comité secret, sur la demande d'un certain nombre
de ses membres fixé par le règlement.

Elle décide ensuite, à la majorité absolue, si la
séance doit être reprise en public sur le même objet.

ART. 6. — Le président de la République commu-
nique avec les Chambres par des messages qui
sont lus à la tribune par un ministre.

Les ministres ont leur entrée dans les deux Chambres et doivent être entendus quand ils le demandent. Ils peuvent se faire assister par des commissaires désignés pour la discussion d'un projet de loi déterminé, par décret du président de la République.

ART. 7. — Le président de la République promulgue les lois dans le mois qui suit la transmission au gouvernement de la loi définitivement adoptée. Il doit promulguer dans les trois jours les lois dont la promulgation par un vote exprès dans l'une et l'autre Chambre aurait été déclarée urgente.

Dans le délai fixé pour la promulgation, le président de la République peut, par un message motivé, demander aux deux Chambres une nouvelle délibération qui ne peut être refusée.

ART. 8. — Le président de la République négocie et ratifie les traités. Il en donne connaissance aux Chambres aussitôt que l'intérêt et la sûreté de l'Etat le permettent.

Les traités de paix, de commerce, les traités qui engagent les finances de l'Etat, ceux qui sont relatifs à l'état des personnes et au droit de propriété des Français à l'étranger ne sont définitifs qu'après avoir été votés par les deux Chambres. Nulle cession, nul échange, nulle adjonction de territoire ne peut avoir lieu qu'en vertu d'une loi.

ART. 9. — Le président de la République ne peut déclarer la guerre sans l'assentiment préalable des deux Chambres.

ART. 10. — Chacune des Chambres est juge de l'éligibilité de ses membres et de la régularité de son élection ; elle seule peut recevoir leur démission.

ART. 11. — Le bureau de chacune des deux Chambres est élu chaque année pour la durée de la session et pour toute session extraordinaire qui aurait lieu avant la session ordinaire de l'année suivante.

Lorsque les deux Chambres se réunissent en Assemblée nationale, leur bureau se compose des président, vice-présidents et secrétaires du Sénat.

ART. 12. — Le président de la République ne peut être mis en accusation que par la Chambre des députés et ne peut être jugé que par le Sénat.

Les ministres peuvent être mis en accusation par la Chambre des députés, pour crimes commis dans l'exercice de leurs fonctions. En ce cas, ils sont jugés par le Sénat.

Le Sénat peut être constitué en cour de justice par un décret du président de la République, rendu en conseil des ministres, pour juger toute personne prévenue d'attentat contre la sûreté de l'État.

Si l'instruction est commencée par la justice ordinaire, le décret de convocation du Sénat peut être rendu jusqu'à l'arrêt de renvoi.

Une loi déterminera le mode de procéder pour l'accusation, l'instruction et le jugement.

ART. 13. — Aucun membre de l'une ou l'autre Chambre ne peut être poursuivi ou recherché à l'occasion des opinions ou votes émis par lui dans l'exercice de ses fonctions.

ART. 14. — Aucun membre de l'une ou l'autre Chambre ne peut, durant la durée de la session, être poursuivi ou arrêté en matière criminelle ou correctionnelle qu'avec l'autorisation de la Chambre dont il fait partie, sauf le cas de flagrant délit.

La détention ou la poursuite d'un membre de l'une ou l'autre Chambre est suspendue, pendant la session, et pour toute sa durée, si la Chambre le requiert.

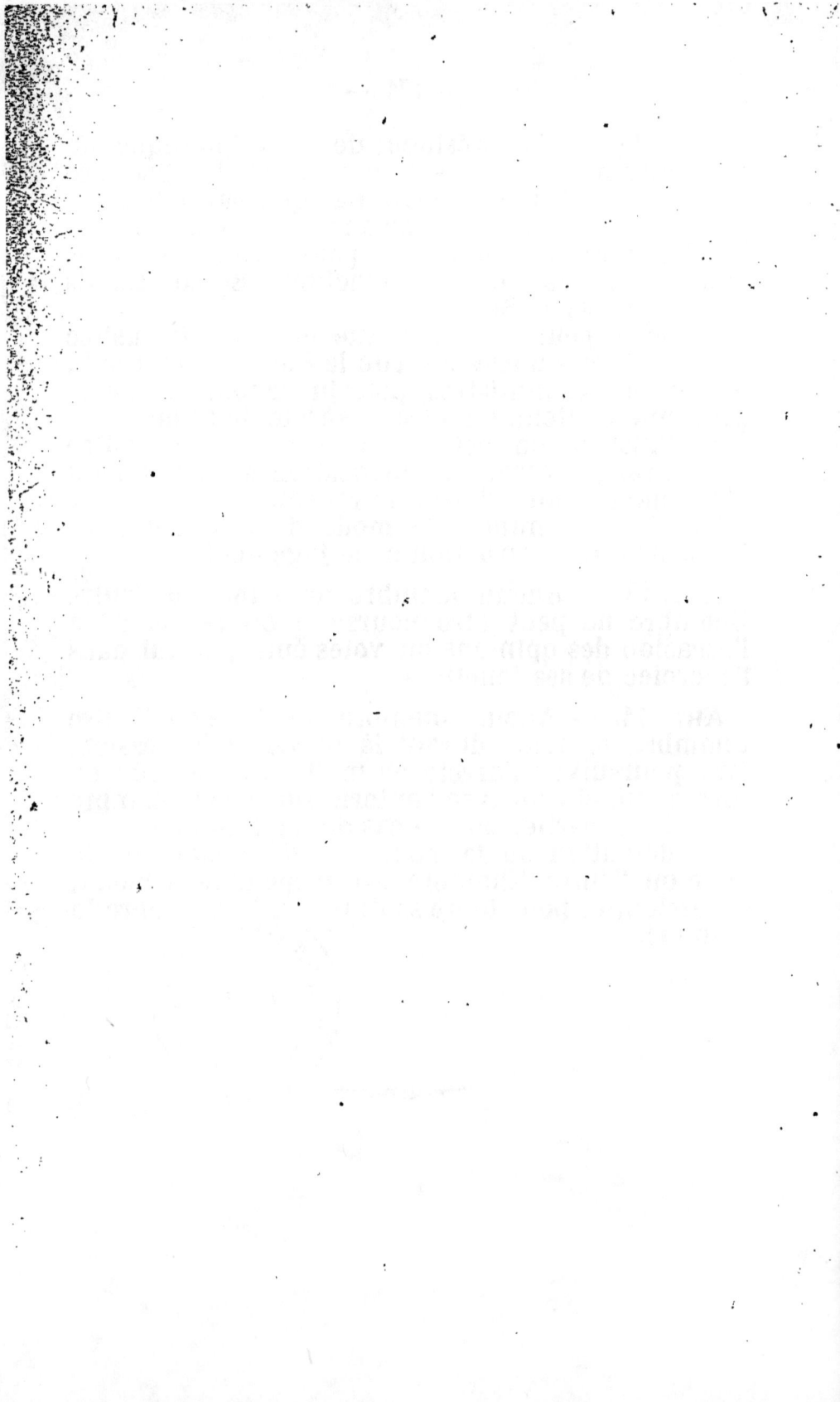

TABLE DES MATIÈRES

CHAPITRE III

L'ENFANT DANS L'ÉCOLE

CHAPITRE IV

LES VERTUS PRIVÉES

CHAPITRE V

LA SOCIÉTÉ

CHAPITRE VIII

SANCTIONS DE LA MORALE

LECTURES COMPLÉMENTAIRES

FIN DE LA TABLE DES MATIÈRES

AIX-LES-BAINS, IMPRIMERIE VICHER

www.ingramcontent.com/pod-product-compliance
Lightning Source LLC
Chambersburg PA
CBHW070354090426
42733CB00009B/1415